JN239120

これならできる！ みんなの教科書

刺しゅう
きほんの基本

ステッチの刺し方 ＋ すぐに刺せるワンポイント図案

監修 立川一美 堀越綾子

高橋書店

CONTENTS

004 はじめに

自由に刺す刺しゅう　005

ライン・ステッチの仲間
010　サンプラー＆図案
012　ステッチ14種と刺し方

ストレート・ステッチの仲間
018　サンプラー＆図案
020　ステッチ8種と刺し方

サテン・ステッチの仲間
024　サンプラー＆図案
026　ステッチ11種と刺し方

ノット・ステッチの仲間
030　サンプラー＆図案
032　ステッチ11種と刺し方

チェーン・ステッチの仲間
036　サンプラー＆図案
038　ステッチ17種と刺し方

フェザー・ステッチの仲間
046　サンプラー＆図案
048　ステッチ9種と刺し方

ヘリンボーン・ステッチの仲間
052　サンプラー＆図案
054　ステッチ9種と刺し方

ボタンホール・ステッチの仲間
058　サンプラー＆図案
060　ステッチ9種と刺し方

バスケット・フィリング・ステッチの仲間
064　サンプラー＆図案
066　ステッチ6種と刺し方

布目を数えて刺す刺しゅう　069

クロス・ステッチ
070　サンプラー＆図案
072　クロス・ステッチの刺し方

ダーニングワーク
076　サンプラー＆図案
078・093　各パーツの刺し方

ブラックワーク
082　サンプラー＆図案
084　ブラックワークの刺し方
085　各パターンの刺し方

アッシジ刺しゅう
088　サンプラー＆図案
090　アッシジ刺しゅうの刺し方
092　デザインのバリエーション

ドロンワーク
094　サンプラー＆図案
096　ドロンワークの刺し方

ハーダンガー刺しゅう
102　サンプラー＆図案
104　ハーダンガー刺しゅうの刺し方
106　ハーダンガー刺しゅうのバリエーション

アジュール刺しゅう
108　サンプラー＆図案
110　アジュール刺しゅうの刺し方

114　スペイン刺しゅう・カットワーク・アップリケ・縁飾り

スペイン刺しゅう〈マジョルカ刺しゅう〉

115　サンプラー

116　サンプラーの図案

117　マジョルカ刺しゅうの刺し方

スペイン刺しゅう〈ラガルテラ刺しゅう〉

118　サンプラー

119　サンプラーの図案とラガルテラ刺しゅうの刺し方

カットワーク

120　サンプラー＆図案

122　カットワークの刺し方

アップリケ

124　サンプラー＆図案

縁飾り

126　サンプラー

127　縁飾り7種

129　知っておきたい 刺しゅうの基礎

必要な用具、あると便利な用具

刺しゅうに向く布地

布地の下準備

刺しゅう糸の選び方

布地と針と糸のつり合い

刺しゅう糸の扱い方

図案の写し方

始めと終わりの糸端の始末

刺しゅう作品の仕上げ

142　ステッチ・かがり　さくいん

刺しゅう作品

		図案
006	かわいいワンポイント刺しゅう	134
007	美しいアルファベットと雪模様	135
008	花と葉っぱのバリエーション	136
044	小さな草花のバリエーション	138
080	ギンガムチェックにステッチを	140

刺しゅうを始めてみませんか？

刺しゅう針と糸があれば、手持ちのハンカチやナプキンに、いつでも手軽に刺すことができます。一針一針刺し進める楽しさ、思い通りの図案に刺し上がったときのうれしさを、ぜひ味わってみてください。

それには、基本のステッチや技法、多少の決まりごとを覚えることが必要です。

本書では基本のステッチの刺し方や技法をわかりやすいイラストで解説しています。各ステッチ、各技法ごとに親しみやすいサンプラー（刺しゅう見本）をつけました。サンプラーは一部を取り出してポイント刺しゅうにしたり、全部を刺して額に入れたりと、楽しみ方はいろいろ。まずは自分の好きなステッチだけ、好きな図案だけを選んで刺してみましょう。
本書は「自由に刺す刺しゅう」と「布目を数えて刺す刺しゅう」に大別して構成し、基礎の項目も充実させました。刺しゅうビギナーにはもちろんのこと、刺しゅう経験者のハンドブックにもなり得る一冊です。いつも手元に置いて折にふれてご利用ください。

自由に刺す刺しゅう

Free Stitching

絵を描くように思いのままに、さまざまなステッチを使い、布にカラフルな刺しゅう糸で図案を仕上げる楽しい刺しゅうです。この章では、ぜひ覚えたいステッチを9つのグループに分けて紹介します。また、刺し方はイラストでわかりやすく解説しました。一つのステッチだけでも素朴な刺しゅうを刺すことができますが、ステッチの種類が増えると、図案に細かいニュアンスをつけることができます。各グループの扉のサンプラーは、それらのステッチを組み込んでデザインしました。モチーフ一つを取り出して刺したり、糸を好みの色にかえてみたり、自由に活用してください。

- ライン・ステッチの仲間
- ストレート・ステッチの仲間
- サテン・ステッチの仲間
- ノット・ステッチの仲間
- チェーン・ステッチの仲間
- フェザー・ステッチの仲間
- ヘリンボーン・ステッチの仲間
- ボタンホール・ステッチの仲間
- バスケット・フィリング・ステッチの仲間

かわいいワンポイント刺しゅう

小さな刺しゅうが人気です。バッグ、袋物、エプロン、ハンカチ、ブラウスなどに一つ刺すだけで、ぬくもりのあるオリジナルな一点に変わります。

デザイン・制作　立川一美　図案・刺し方 134 ページ

美しいアルファベットと雪模様

アウトライン・ステッチとノット・ステッチだけで刺した伸びやかなアルファベット。雪の結晶は銀色のラメ糸も使っています。

abcdefghij

klmnopqrst

uvwxyz

デザイン・制作　立川一美　図案・刺し方 135 ページ

花と葉っぱのバリエーション

デザイン・制作　立川一美　図案・刺し方 136 ～ 137 ページ

アウトライン・ステッチ、バック・ステッチ、チェーン・ステッチで花や葉っぱを描いたすがすがしいデザイン。
花のしべはフレンチノット・ステッチで、刺しうめた葉はロング＆ショート・ステッチで。

Line stitch

ライン・ステッチの仲間

図案の輪郭線や、直線、曲線、茎や葉脈などの線を表わすために使われるステッチです。

S＝ステッチ
ステッチの後の数字は色番号　①は1本どり　③は3本どり
※糸は花糸（OOE）　指定以外は全て2本どり

Line stitch

ランニング・ステッチ

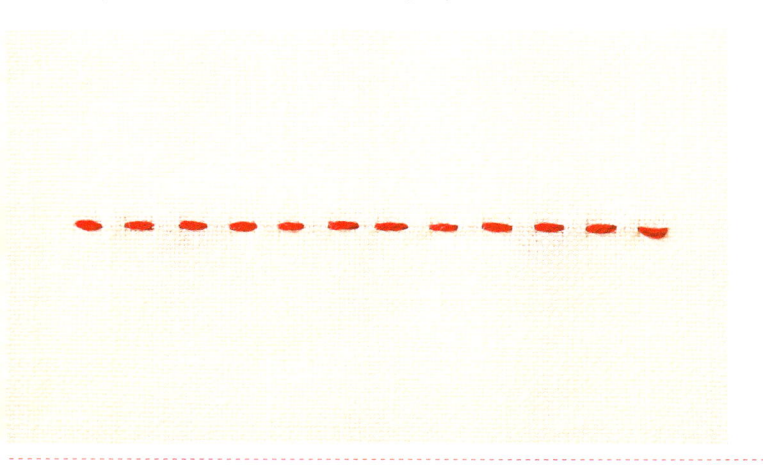

1 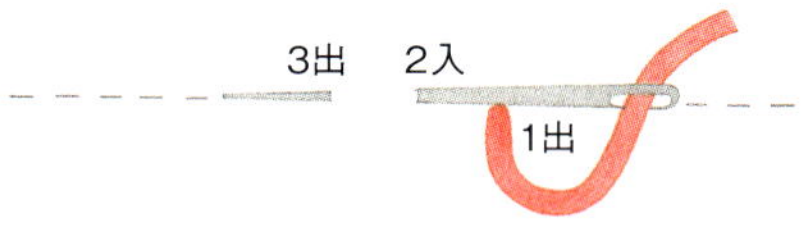 3出　2入　1出

2 3　2　1

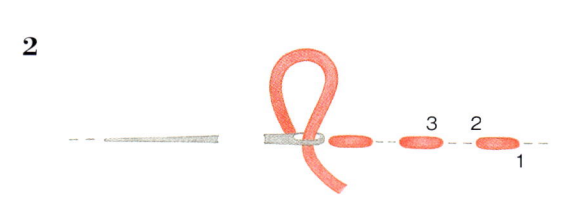

右から左へ等間隔で布をすくって刺し進めます。

スレデッドランニング・ステッチ

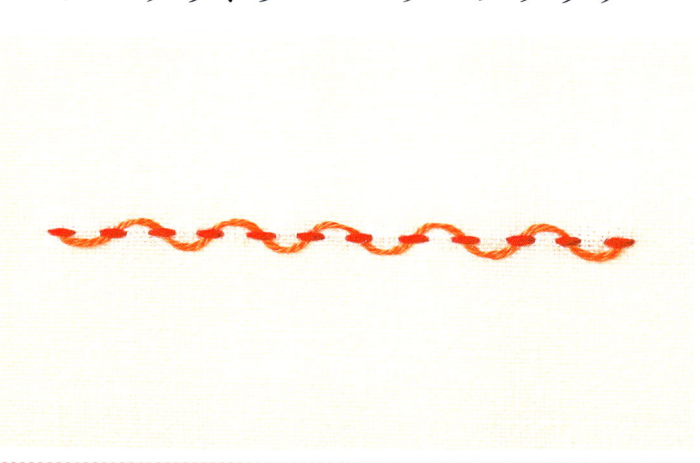

1 ランニング・S　1出　2くぐらせる

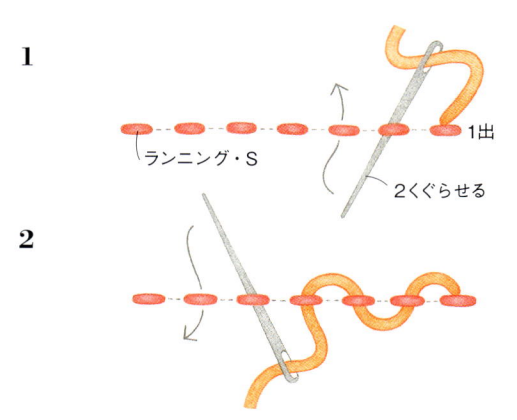

2

ランニング・ステッチの表の針目に上から下、下から上と交互にくぐらせて重ねて刺します。端はランニング・ステッチの針目の中央に針を入れ、裏に出してまとめます。

ツイステッドランニング・ステッチ

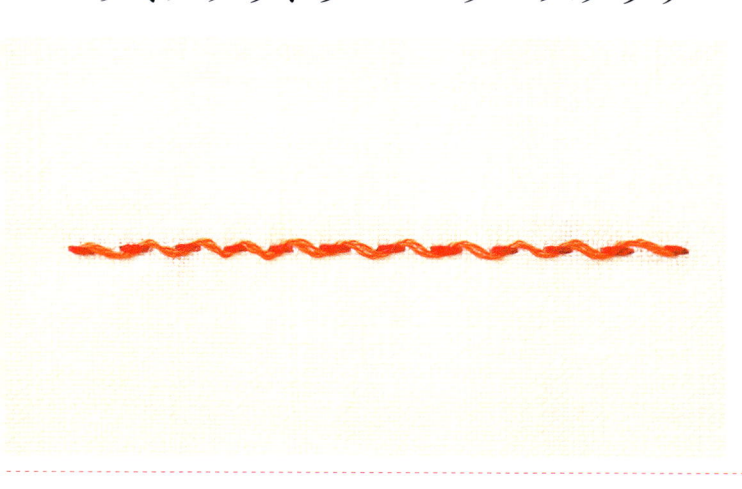

1 1出　2くぐらせる

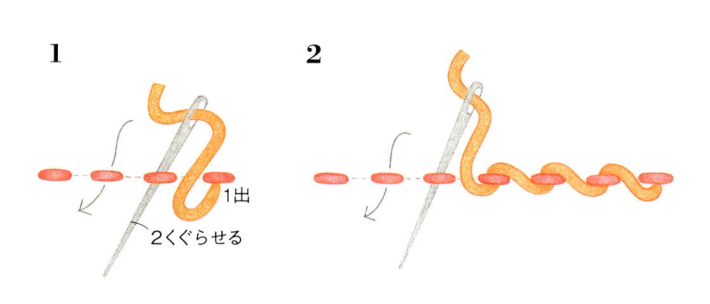

2

ウィップドランニング・ステッチとも呼ばれています。ランニング・ステッチの表の針目に上から下へと巻きつけるように重ねて刺します。

ホルベイン・ステッチ

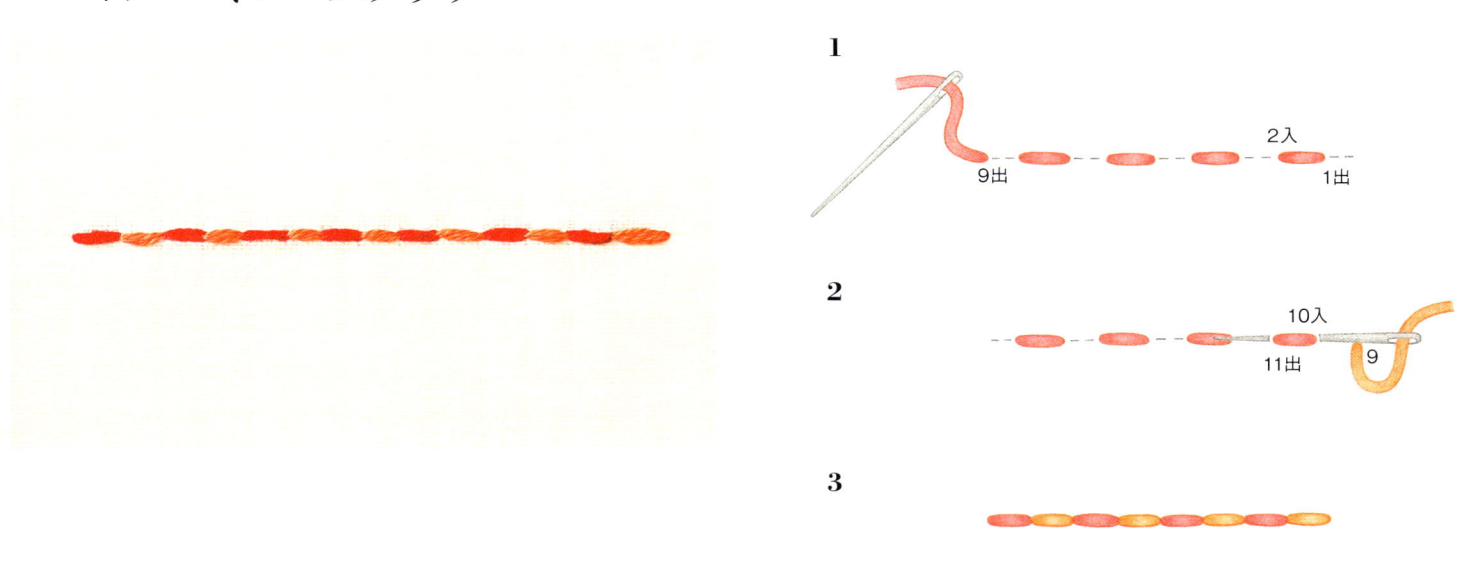

1
9出　　　　　　　　　2入　1出

2
10入　11出　9

3

まず右から左へとランニング・ステッチを刺します。次に布の向きを変えて、最初のランニング・ステッチと同じ針穴に針を入れて戻るように刺します。刺したラインを刺し戻るので、裏側に糸がかさばらないのが特徴です。「布目を数えて刺す刺しゅう」でも使います（84ページ参照）。

ダーニング・ステッチ

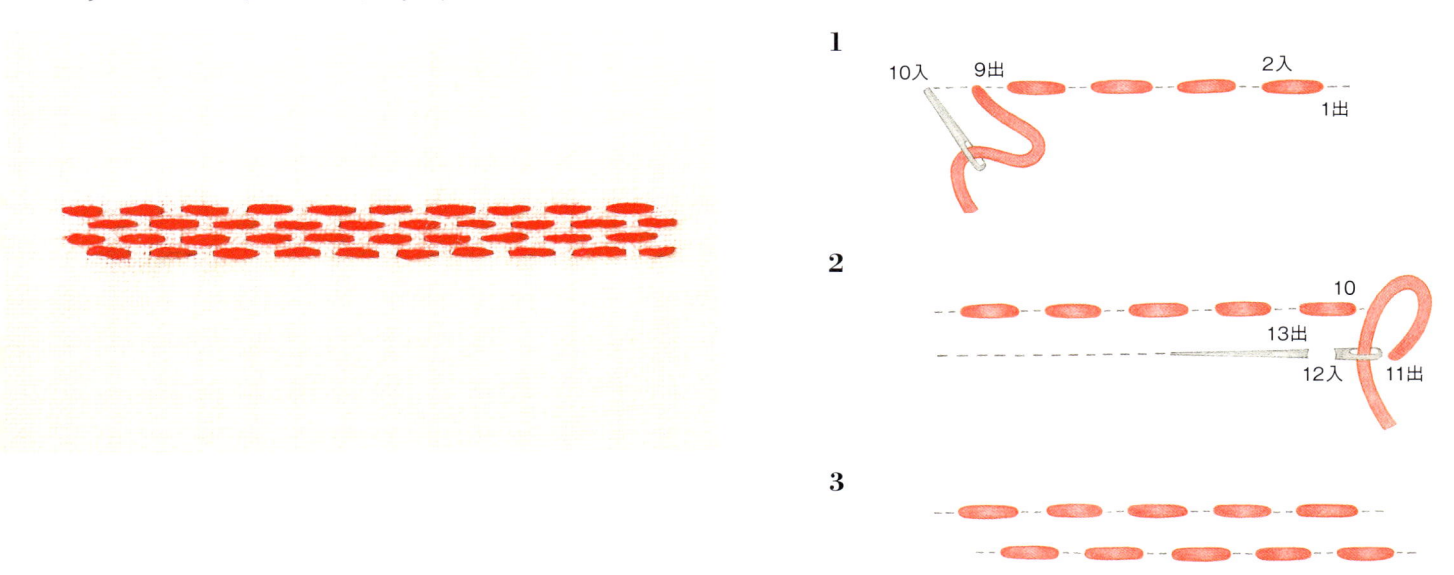

1
10入　9出　　　　　　　2入　1出

2
10　13出　12入　11出

3

常に右から左へと刺し進みます。表に出る針目の幅が広いランニング・ステッチを刺し、向きを変えて同様に刺し進みます。刺し目の組み合わせで、ブロック、階段、山形などいろいろな模様を表現することができます。「布目を数えて刺す刺しゅう」でも使います（76ページ参照）。

Line stitch

アウトライン・ステッチ

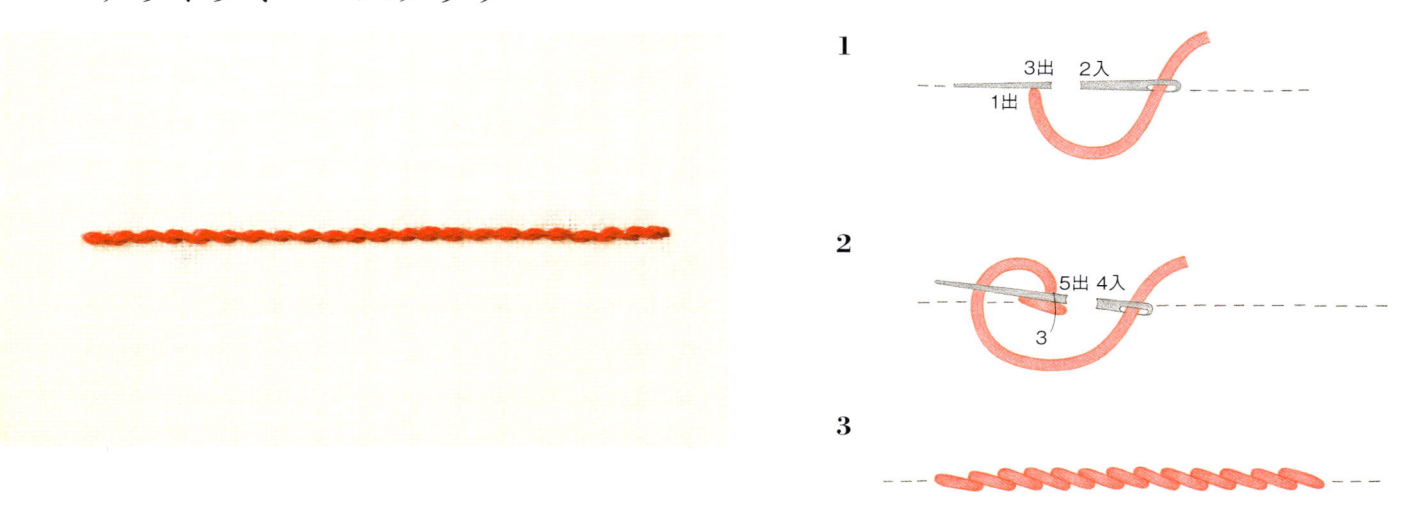

1
2
3

ステム・ステッチとも呼ばれています。左から右へと刺し進めます。図案のライン上を半目(針目の長さの半分)戻るように一針ずつすくい、これを繰り返して刺し進めます。刺す幅は常に同じにします。重なりを小さく浅く刺すと細いラインに、大きく深く刺すと太いラインになり、ライン幅を変えて自由に表現することができます。

細いアウトライン・ステッチ

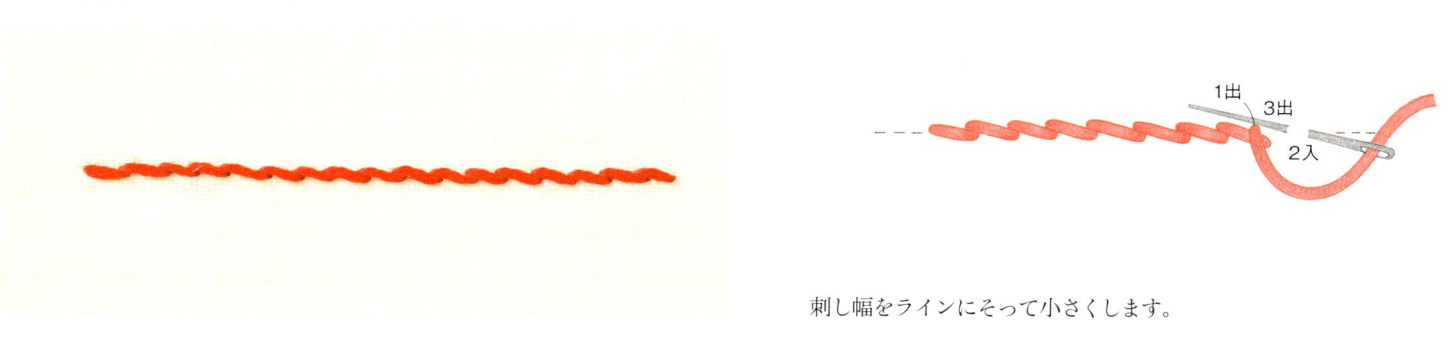

刺し幅をラインにそって小さくします。

太いアウトライン・ステッチ

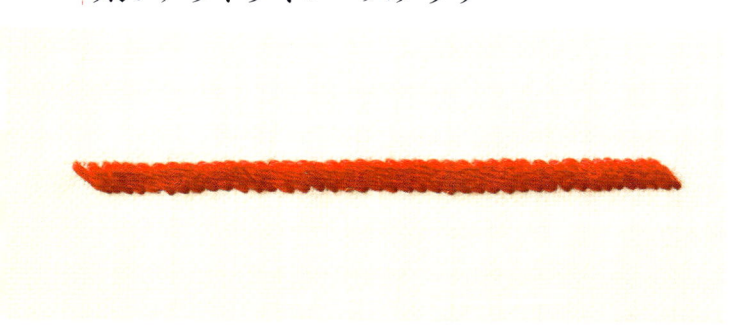

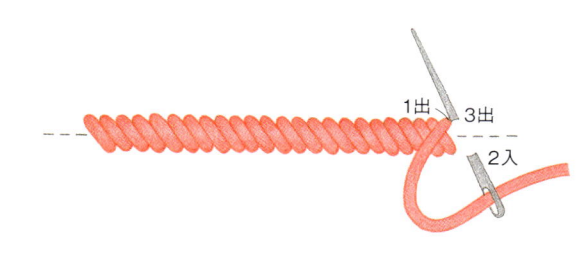

刺し幅をラインを中央にして大きくします。

バック・ステッチ

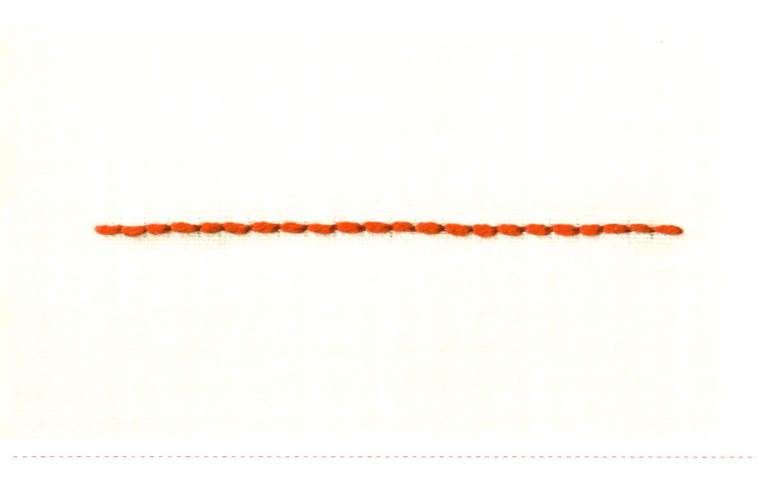

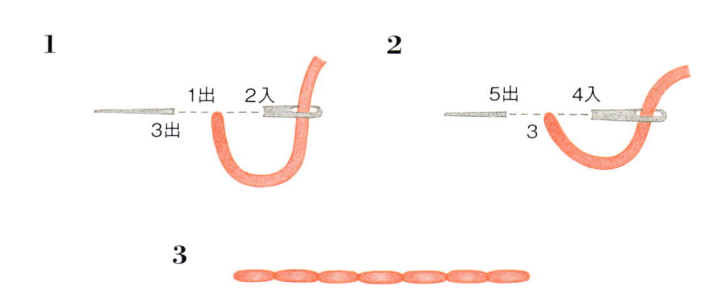

1 1出 2入 3出

2 5出 4入 3

3

右から左に刺し進めます。針目は等間隔で半目戻り(2入)半目先(3出)に出し、これを繰り返して線を作ります。1〜2と3〜4の刺し幅は同じになるようにします。

スレデッドバック・ステッチ

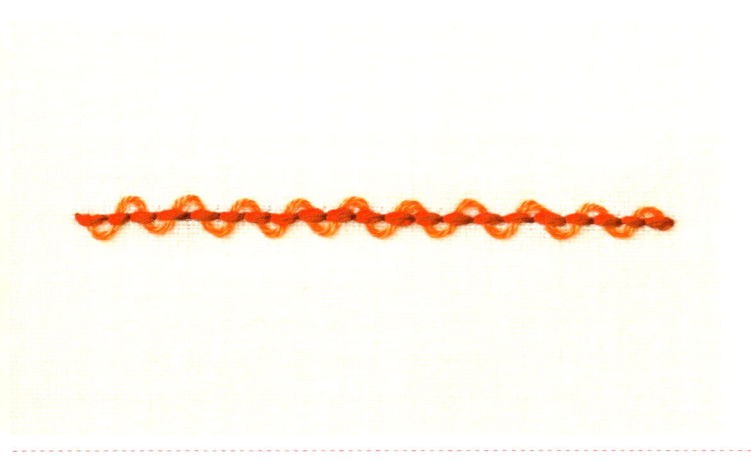

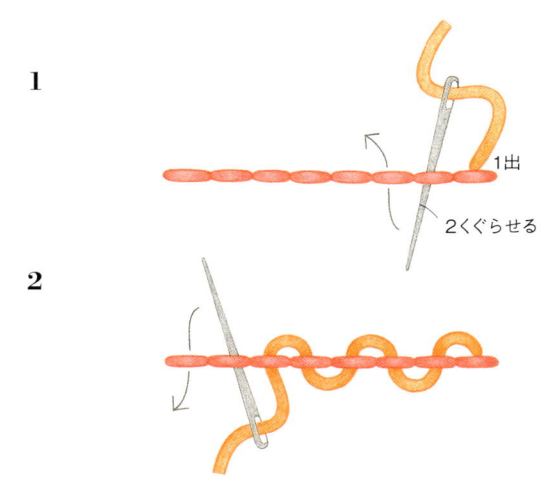

1 1出 2くぐらせる

2

バック・ステッチの針目に上から下、下から上へとくぐらせるように通しながら重ねて刺します。

ツイステッドバック・ステッチ

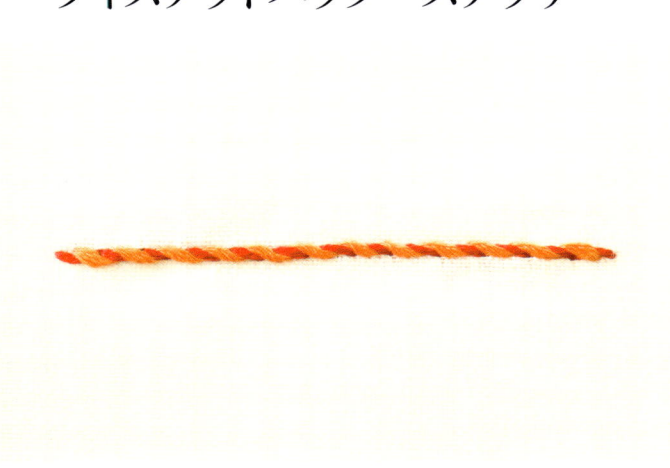

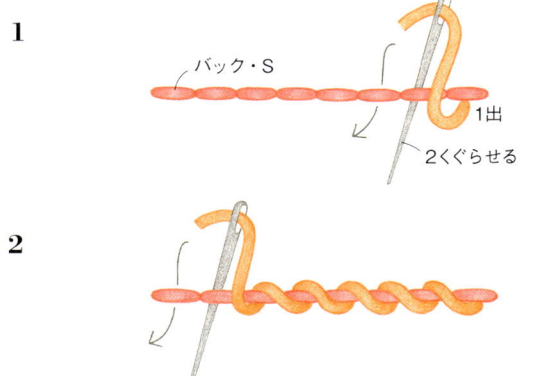

1 バック・S 1出 2くぐらせる

2

ウィップドバック・ステッチとも呼ばれています。バック・ステッチの針目に巻きつけるように重ねて刺します。

Line stitch

ダブルバック・ステッチ

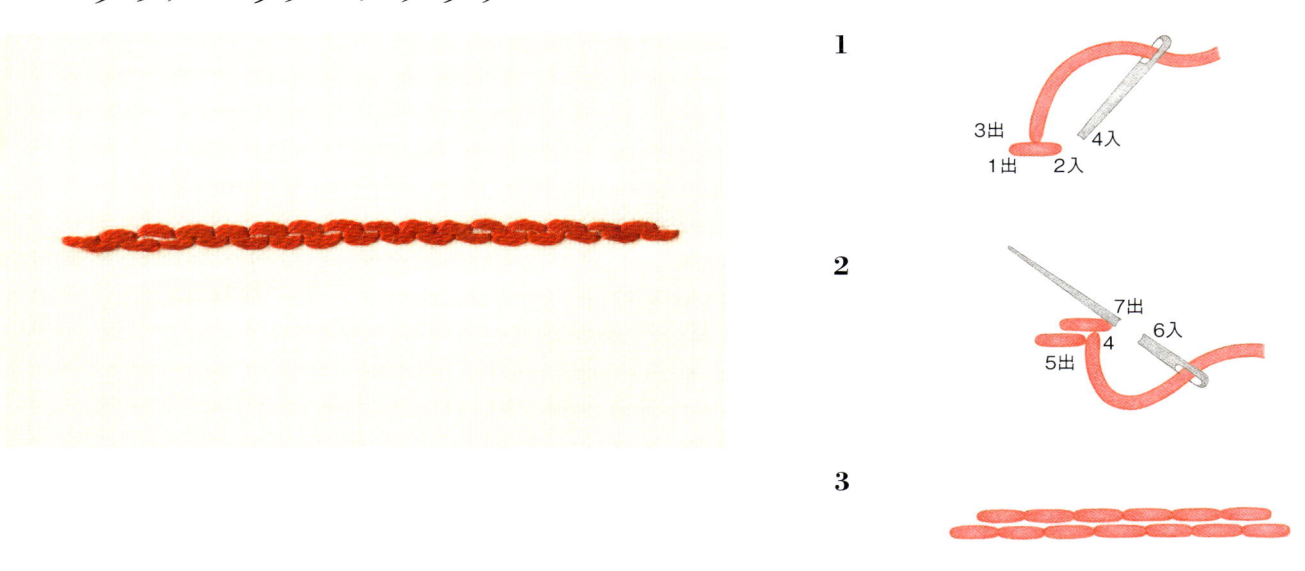

1
3出　4入
1出　2入

2
7出
5出　4　6入

3

オルタネイティング・ステッチとも呼ばれています。上下に交互にバック・ステッチ(15ページ参照)を2段刺します。

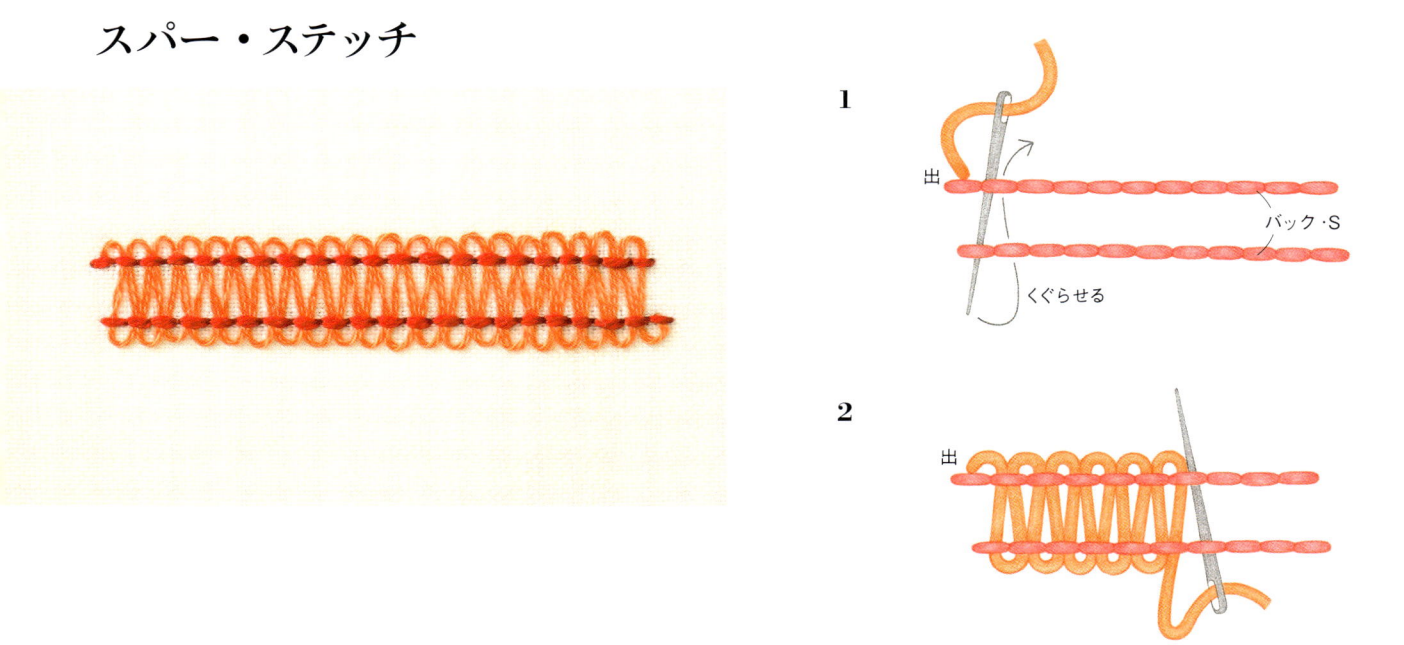

スパー・ステッチ

1
出　バック・S
くぐらせる

2
出

間隔をあけ、半目ずらして刺した2本のバック・ステッチの表目に交互にくぐらせながら重ねて刺します。

ペキニーズ・ステッチ

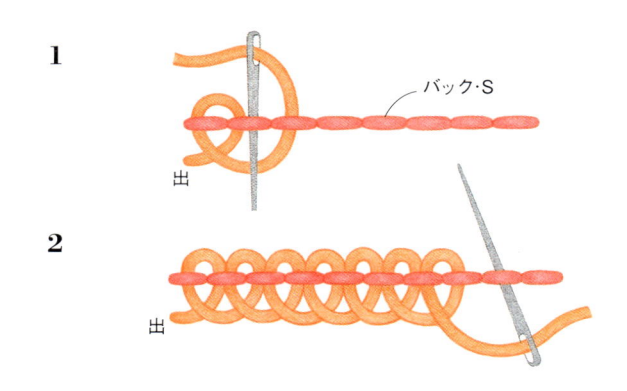

1 バック・S 出

2 出

バック・ステッチの目にクルクルとからげるようにくぐらせて重ねて刺します。

コーチング・ステッチ

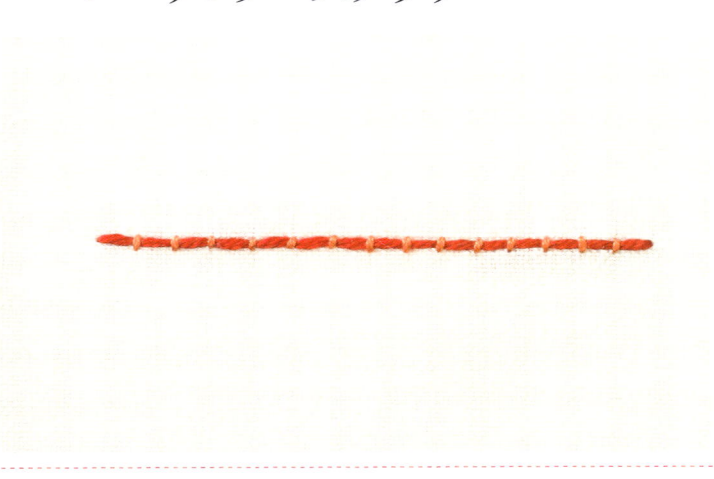

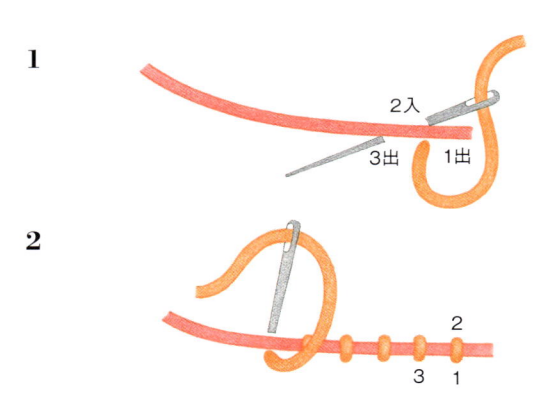

1 2入 3出 1出

2 2 3 1

図案通りライン上に糸を置き、別糸で同じ間隔でラインにそってとめていきます。

シード・ステッチ

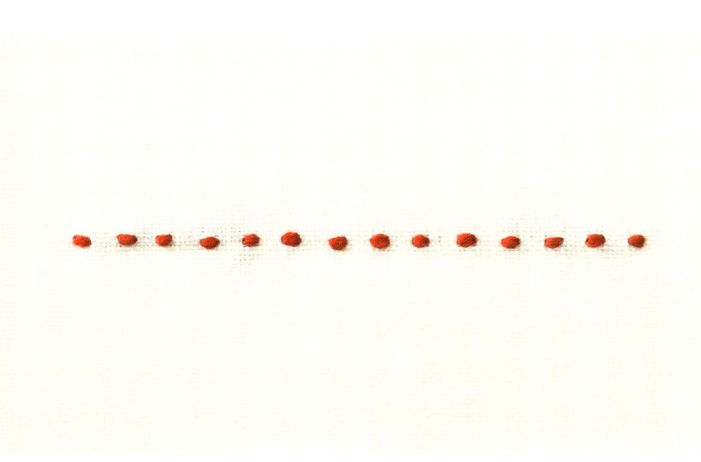

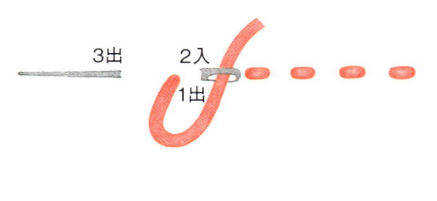

3出 2入 1出

横から見た図

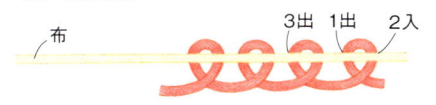

布 3出 1出 2入

バック・ステッチの仲間です。シードは種を意味し、表が種(点)になるように小さくすくって刺します。

017

Straight stitch

ストレート・ステッチ
の仲間

図案に合わせて、針を出して入れてと一針ずつ刺し、向きや幅を形作るステッチです。
刺し上がった形で名称がつけられています。

S＝ステッチ
ステッチの後の数字は色番号　①は1本どり　③は3本どり
※糸は花糸（OOE）　指定以外は全て2本どり

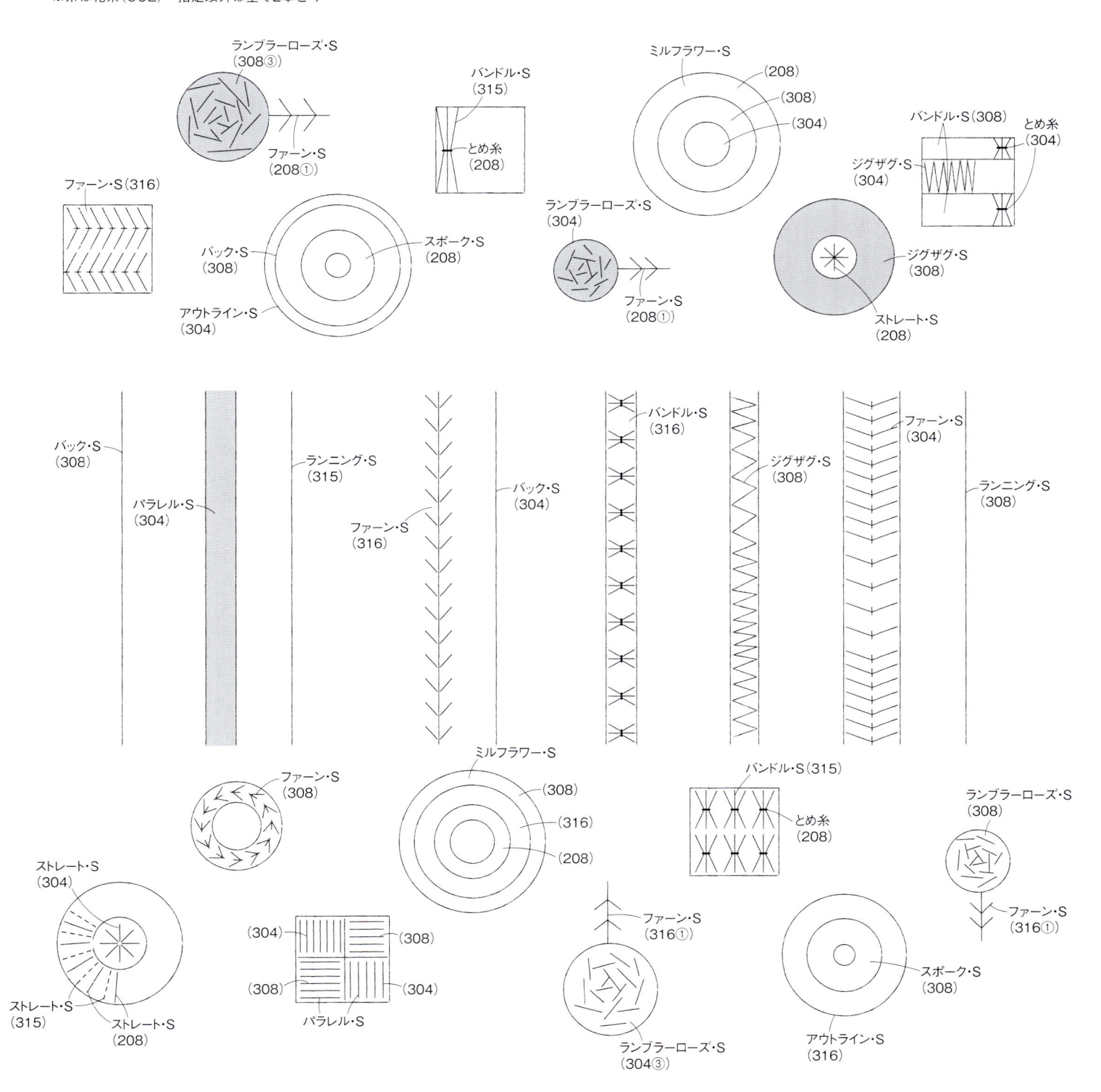

ランブラーローズ・S (308③)
ファーン・S (208①)
バンドル・S (315)
とめ糸 (208)
ミルフラワー・S (208) (308) (304)
バンドル・S (308)
とめ糸 (304)
ジグザグ・S (304)
ファーン・S (316)
バック・S (308)
スポーク・S (208)
アウトライン・S (304)
ランブラーローズ・S (304)
ファーン・S (208①)
ジグザグ・S (308)
ストレート・S (208)

バック・S (308)
パラレル・S (304)
ランニング・S (315)
ファーン・S (316)
バック・S (304)
バンドル・S (316)
ジグザグ・S (308)
ファーン・S (304)
ランニング・S (308)

ファーン・S (308)
ミルフラワー・S (308) (316) (208)
バンドル・S (315)
とめ糸 (208)
ランブラーローズ・S (308)
ストレート・S (304)
ストレート・S (315)
ストレート・S (208)
(304) (308)
(308) (304)
パラレル・S
ファーン・S (316①)
ランブラーローズ・S (304③)
スポーク・S (308)
アウトライン・S (316)
ファーン・S (316①)

Straight stitch

ストレート・ステッチ

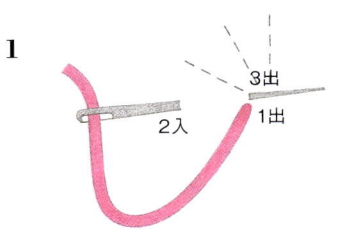

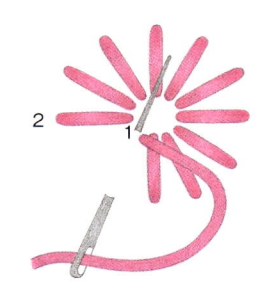

中心よりぐるりと刺して花を形作ります。

パラレル・ステッチ

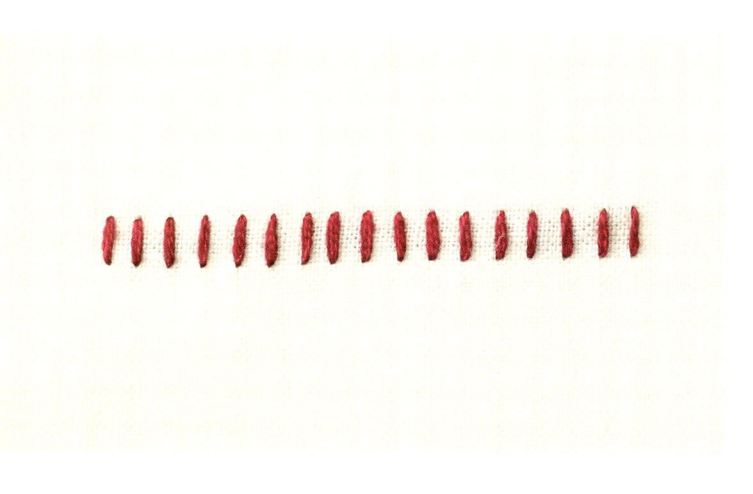

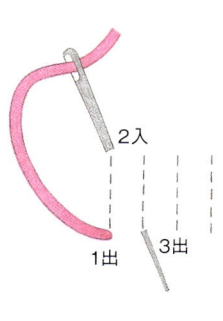

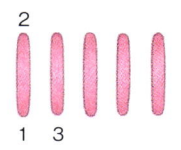

同じ針目で平行に規則的に連続して刺します。「パラレル= Parallel」は平行の意味。

ジグザグ・ステッチ

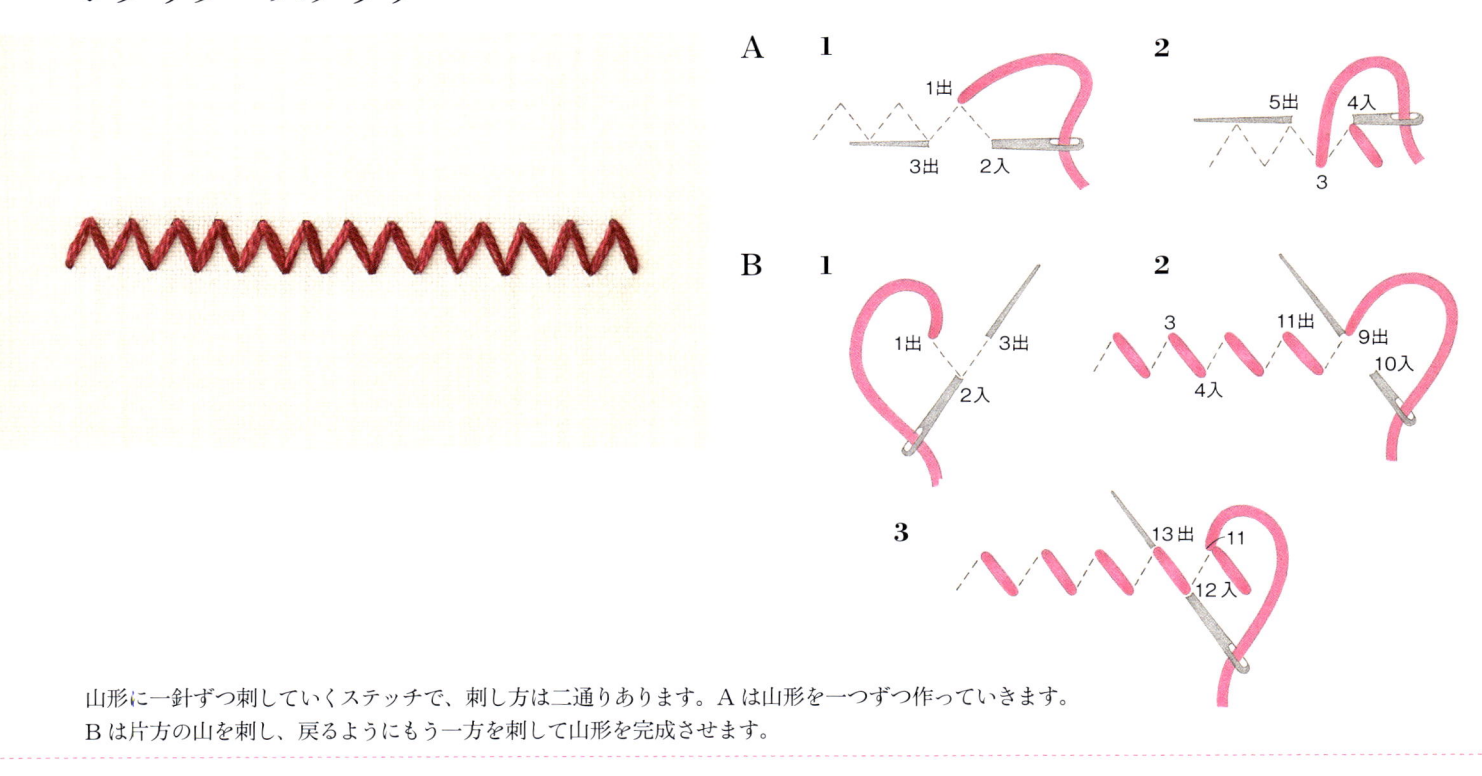

A 1　2

B 1　2　3

山形に一針ずつ刺していくステッチで、刺し方は二通りあります。Aは山形を一つずつ作っていきます。
Bは片方の山を刺し、戻るようにもう一方を刺して山形を完成させます。

スポーク・ステッチ

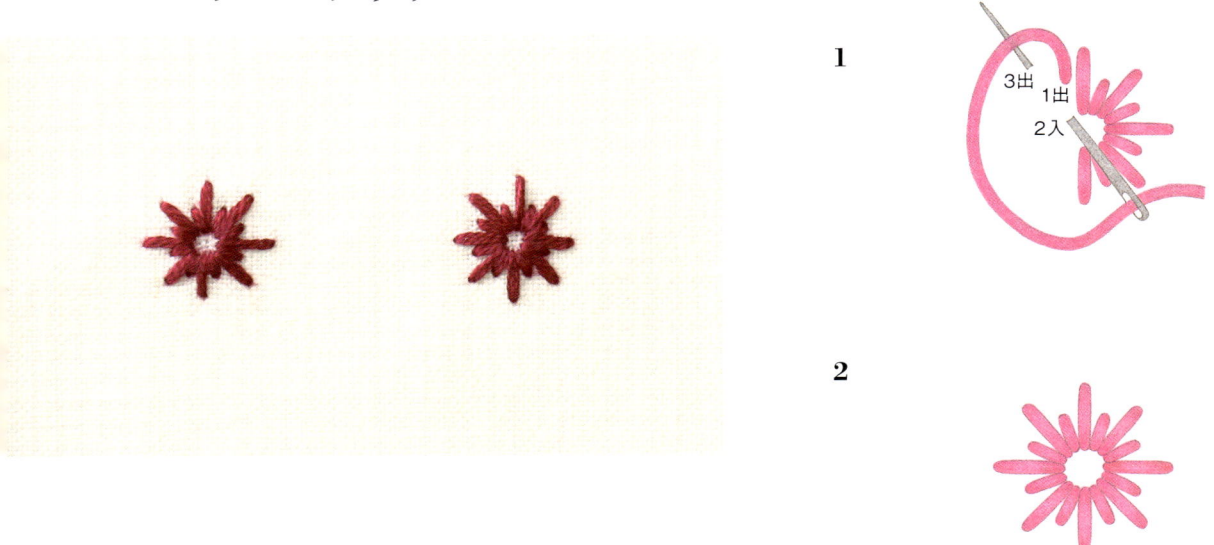

1

2

中心に小さな円を残すようにして放射線状に、針足に長短の変化をつけて刺します。

Straight stitch

ミルフラワー・ステッチ

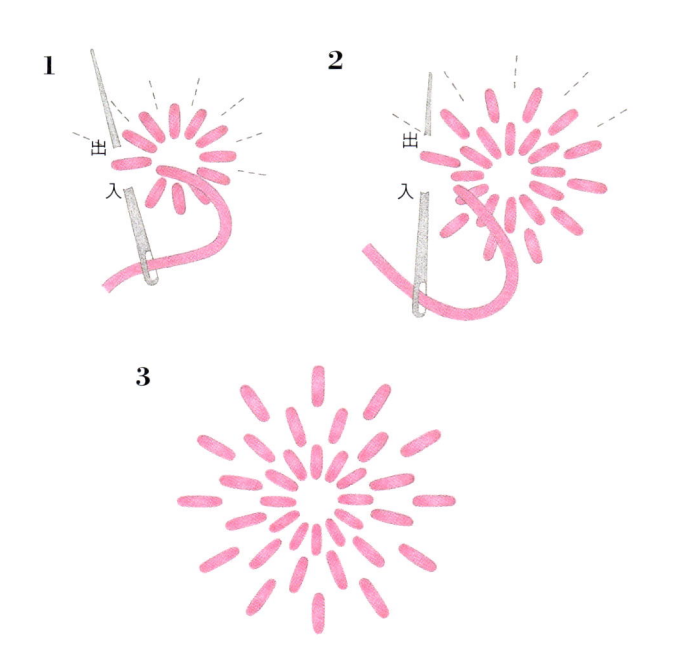

ストレート・ステッチを円になるように何段か重ねて刺す手法。華やかな花などを表現します。

ランブラーローズ・ステッチ

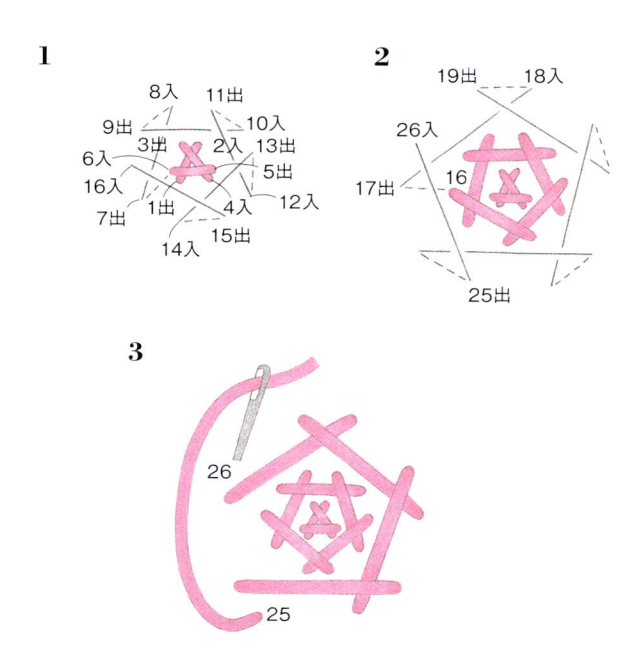

3本のステッチを三角に刺します。次の段からは、針目が重ならないよう前段を囲むように刺していき、バラの花の形になるようにします。

バンドル・ステッチ

3本のパラレル・ステッチ(20ページ参照)を作り、中央より針を出して3本をまとめるステッチです。まとめる糸を別色にしても素敵です。
「バンドル＝bundle」とは束のこと。

ファーン・ステッチ

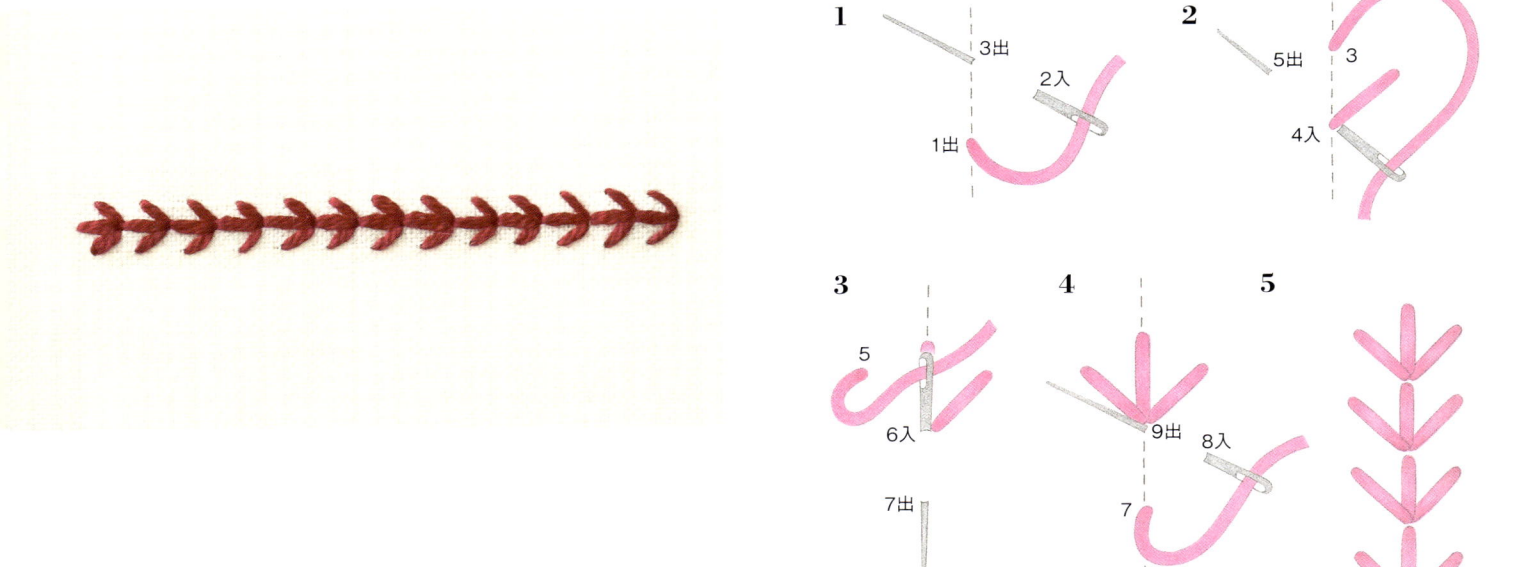

刺し方向のライン上の起点に針を出し、右、中央、左に一針ずつ刺します。中央に戻り、次の起点に針を出します。
「ファーン＝Fern」とはシダの意で、草や葉っぱなどを表現するのに便利です。

Satin stitch サテン・ステッチの仲間

葉、花びら、木の実、幾何学模様など、
図案の比較的小さな面積を平行にすき間なく刺しうめるステッチです。

S＝ステッチ
ステッチの後の数字は色番号
※糸は花糸（OOE）　全て2本どり

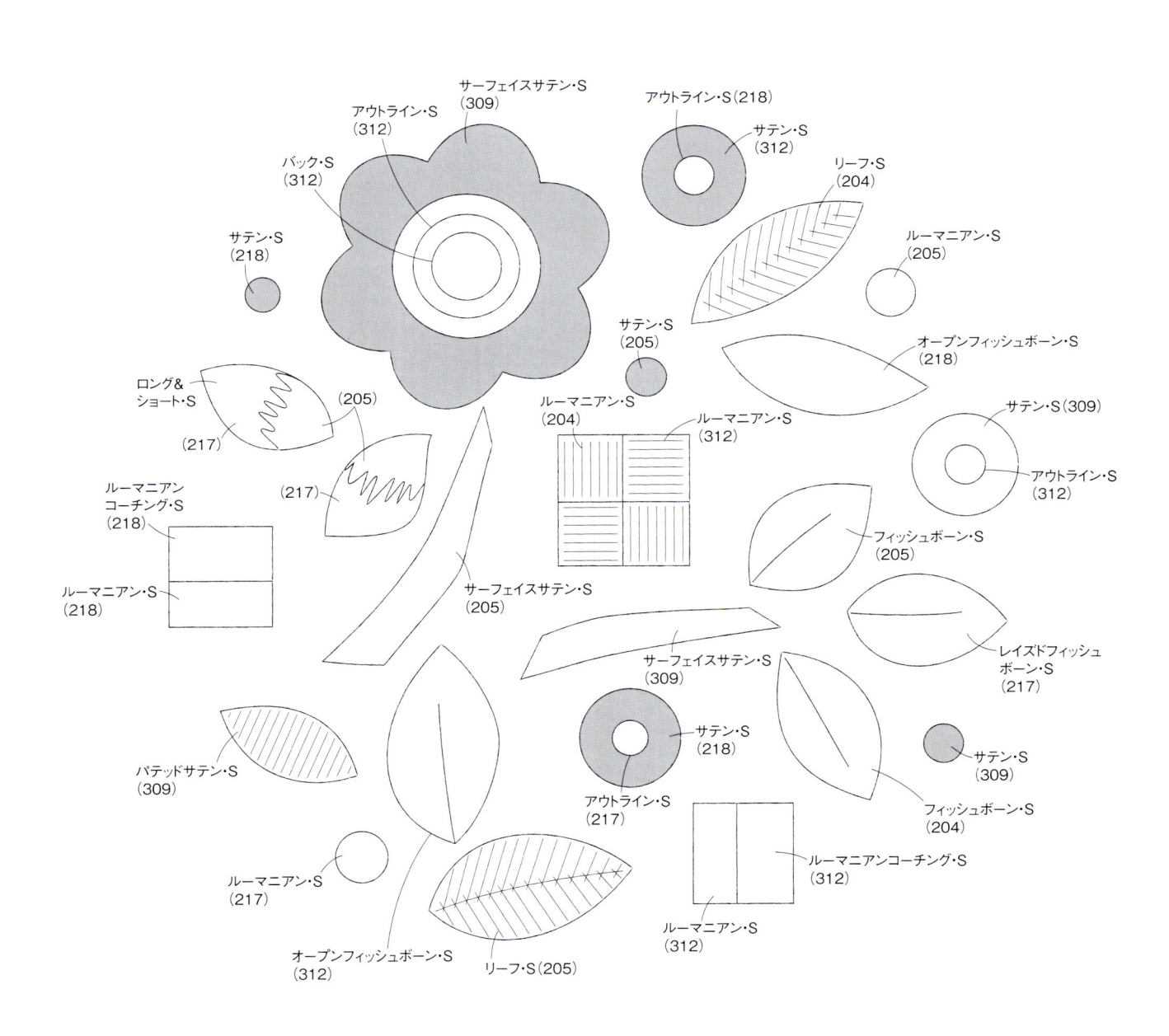

- アウトライン・S（312）
- サーフェイスサテン・S（309）
- アウトライン・S（218）
- サテン・S（312）
- バック・S（312）
- リーフ・S（204）
- サテン・S（218）
- ルーマニアン・S（205）
- サテン・S（205）
- オープンフィッシュボーン・S（218）
- ロング＆ショート・S（217）
- （205）
- ルーマニアン・S（204）
- ルーマニアン・S（312）
- サテン・S（309）
- アウトライン・S（312）
- （217）
- ルーマニアンコーチング・S（218）
- フィッシュボーン・S（205）
- ルーマニアン・S（218）
- サーフェイスサテン・S（205）
- サーフェイスサテン・S（309）
- レイズドフィッシュボーン・S（217）
- パテッドサテン・S（309）
- サテン・S（218）
- サテン・S（309）
- アウトライン・S（217）
- フィッシュボーン・S（204）
- ルーマニアン・S（217）
- ルーマニアンコーチング・S（312）
- オープンフィッシュボーン・S（312）
- リーフ・S（205）
- ルーマニアン・S（312）

Satin stitch

サテン・ステッチ

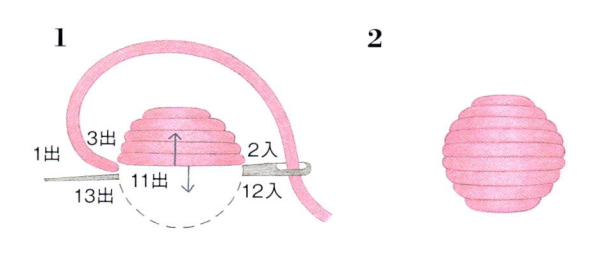

1 1出 3出 2入 13出 11出 12入

2

図案の形にそって針目が平行に並ぶよう刺します。図案の中央から端に向かって刺し、中央に戻って反対側の端まで刺すときれいにできます。

サーフェイスサテン・ステッチ（左）
パテッドサテン・ステッチ（右）

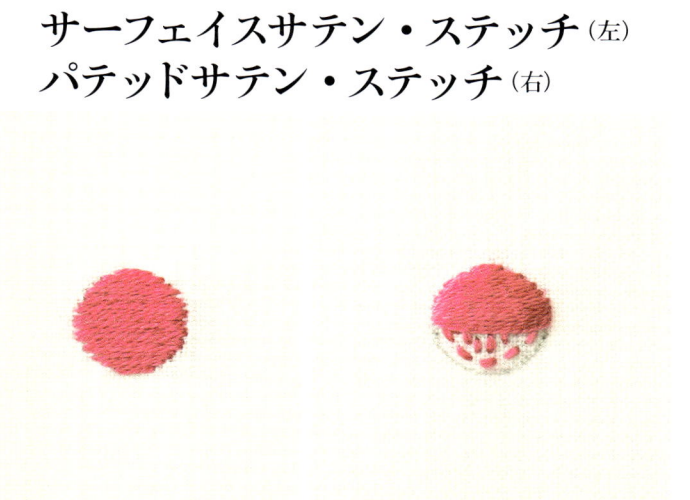

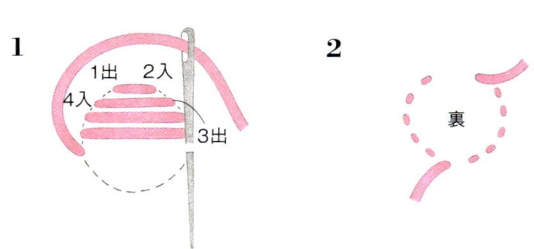

1 1出 2入 4入 3出

2 裏

「サーフェイス＝ surface」は表面という意味で、裏に糸が渡らないサテン・ステッチ。薄く刺し上がります。

下刺し

パテッドサテン・ステッチは「しん入りサテン・ステッチ」とも呼ばれ、図案の中に下刺しをしてからサテン・ステッチを重ねて刺します。ふっくらとした刺し上がりです。

ロング＆ショート・ステッチ

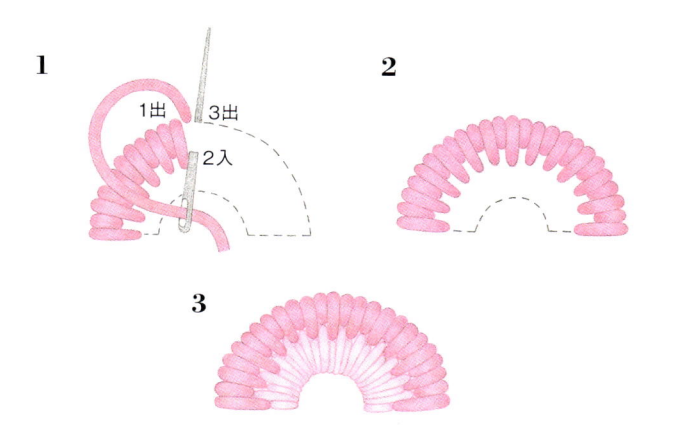

1 1出 3出 2入

2

3

針足を長く、短くと交互に刺していきます。外側から内側へと刺し進めますが、次の段はその間をうめるように刺していきます。広い面積を刺しうめることができます。

フィッシュボーン・ステッチ

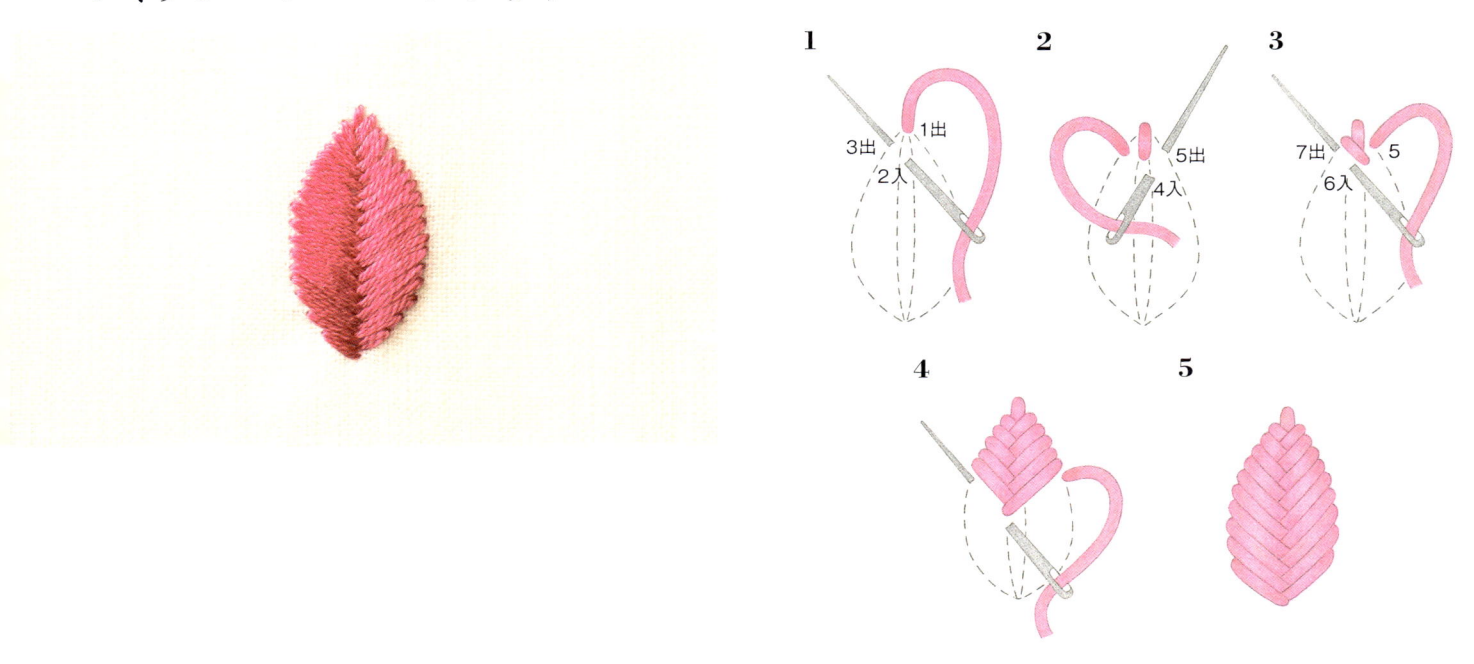

木の葉など先のとがった小さな図案をうめるのに適したステッチ。葉の先端に小さく一針刺し、中央をやや重ねるように左右に葉元まで刺します。

オープンフィッシュボーン・ステッチ

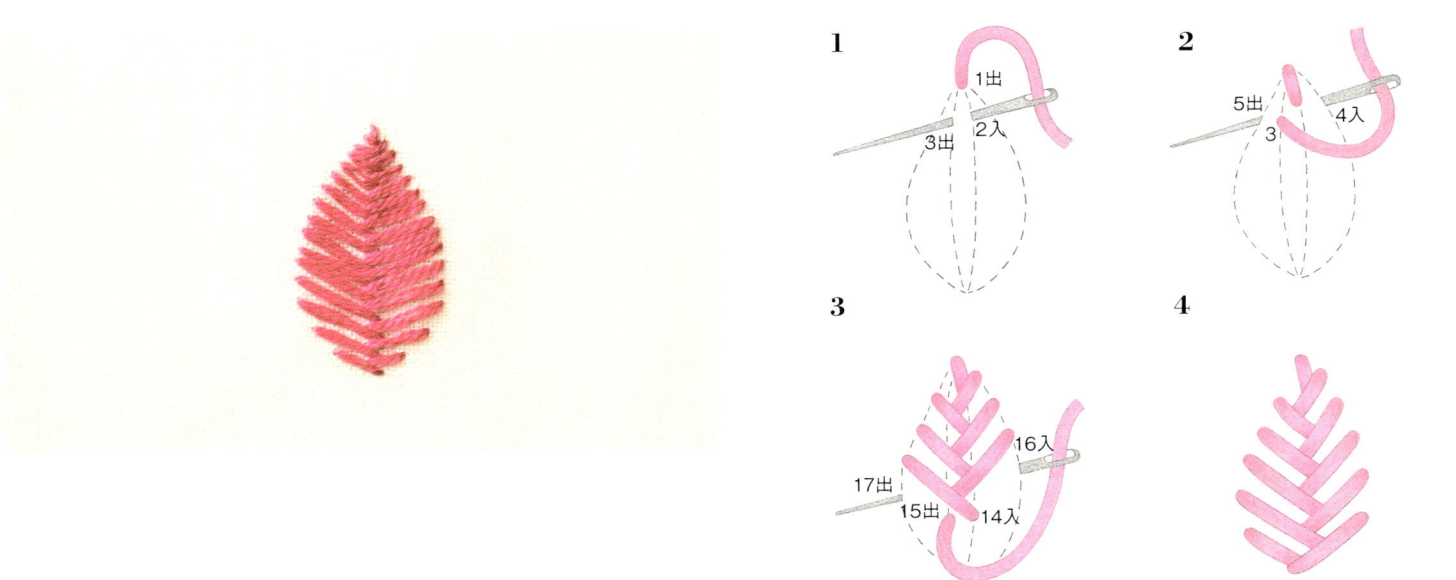

すき間なく刺されているフィッシュボーン・ステッチに対し、一針一針の間隔があいているステッチです。先端から針を出して中央を小さくすくい、戻るように輪郭線上に針を入れ、反対側の輪郭線上に針を出すことを繰り返します。

027

Satin stitch

レイズドフィッシュボーン・ステッチ

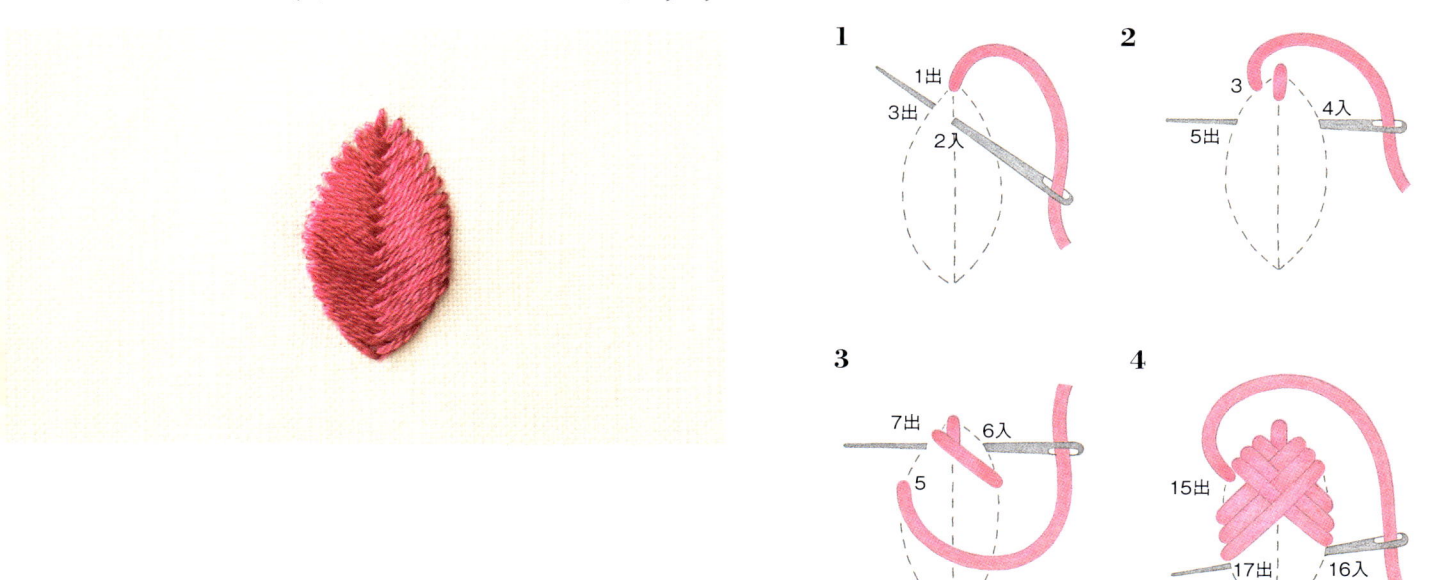

1　1出 / 2入 / 3出
2　3 / 4入 / 5出
3　7出 / 6入 / 5
4　15出 / 17出 / 16入

ふくらみのある葉を作るときなどに使うステッチ。フィッシュボーン・ステッチの一針を、図案の反対側の輪郭線まで渡すように刺します。重なりが多くなり、ふくらんで見えます。

リーフ・ステッチ

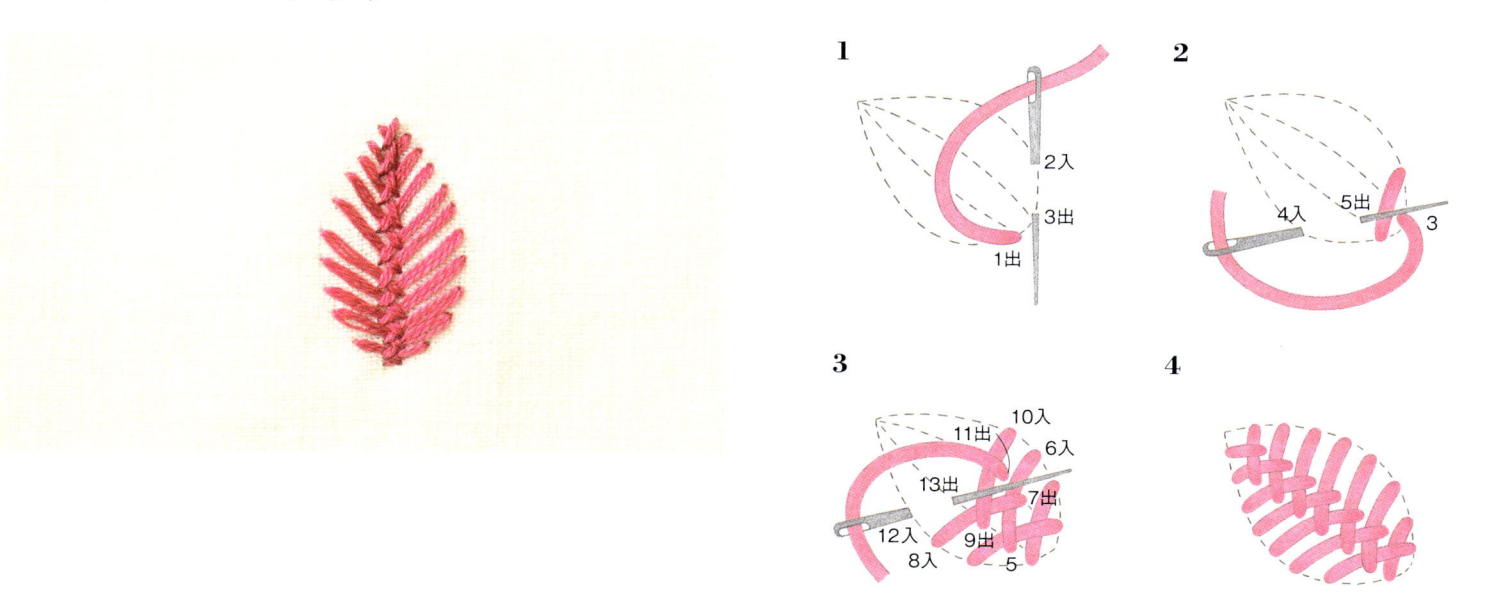

1　1出 / 2入 / 3出
2　4入 / 5出 / 3
3　10入 / 11出 / 6入 / 13出 / 7出 / 12入 / 9出 / 8入 / 5
4

葉元から先端に向かって刺します。一針の間隔によって表情に変化がでます。

ルーマニアン・ステッチ

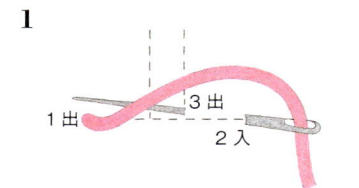

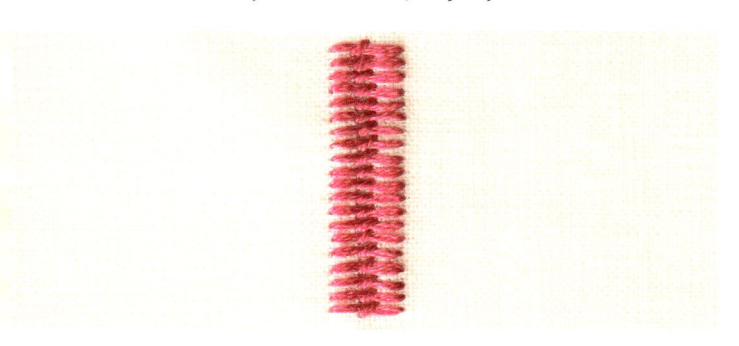

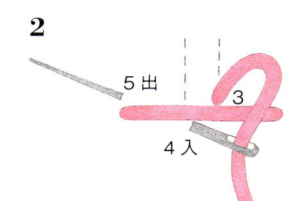

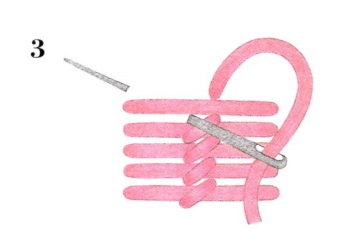

渡した糸の中央を押さえるように、斜めに刺しとめます。間隔は開けずにうめるように刺します。

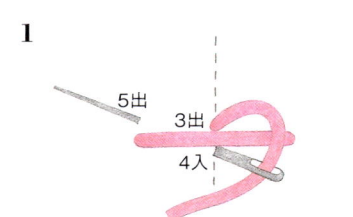

ローマン・ステッチ

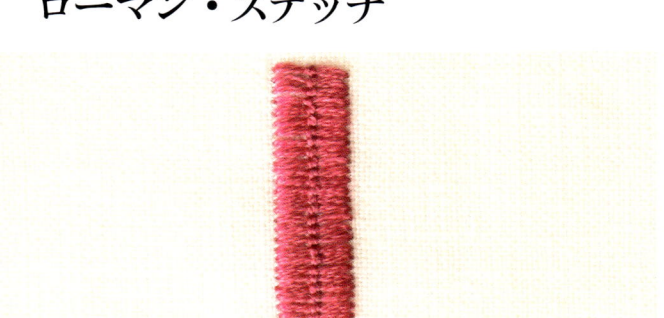

ルーマニアン・ステッチの中央のとめる糸を、縦に小さく刺しとめていくステッチです。

ルーマニアンコーチング・ステッチ

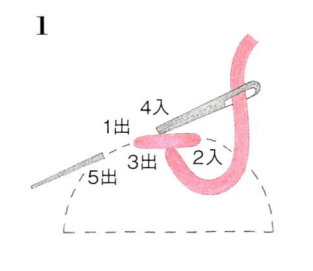

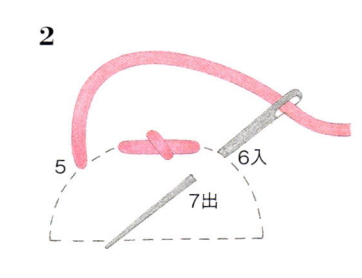

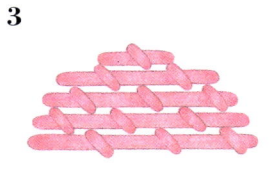

大きな面をうめるときに便利なステッチ。長く渡した糸を、途中数か所、斜めにとめながら戻ります。

Knot stitch

ノット・ステッチの仲間

030

「ノット＝knot」は結び目のことで、立体的な「点（玉）」を表現します。
単独で、またいくつかまとめたり、ライン状に並べるなど、いろいろに活用できます。

S＝ステッチ
ステッチの後の数字は色番号　①は1本どり
※糸は花糸（OOE）　指定以外は2本どり

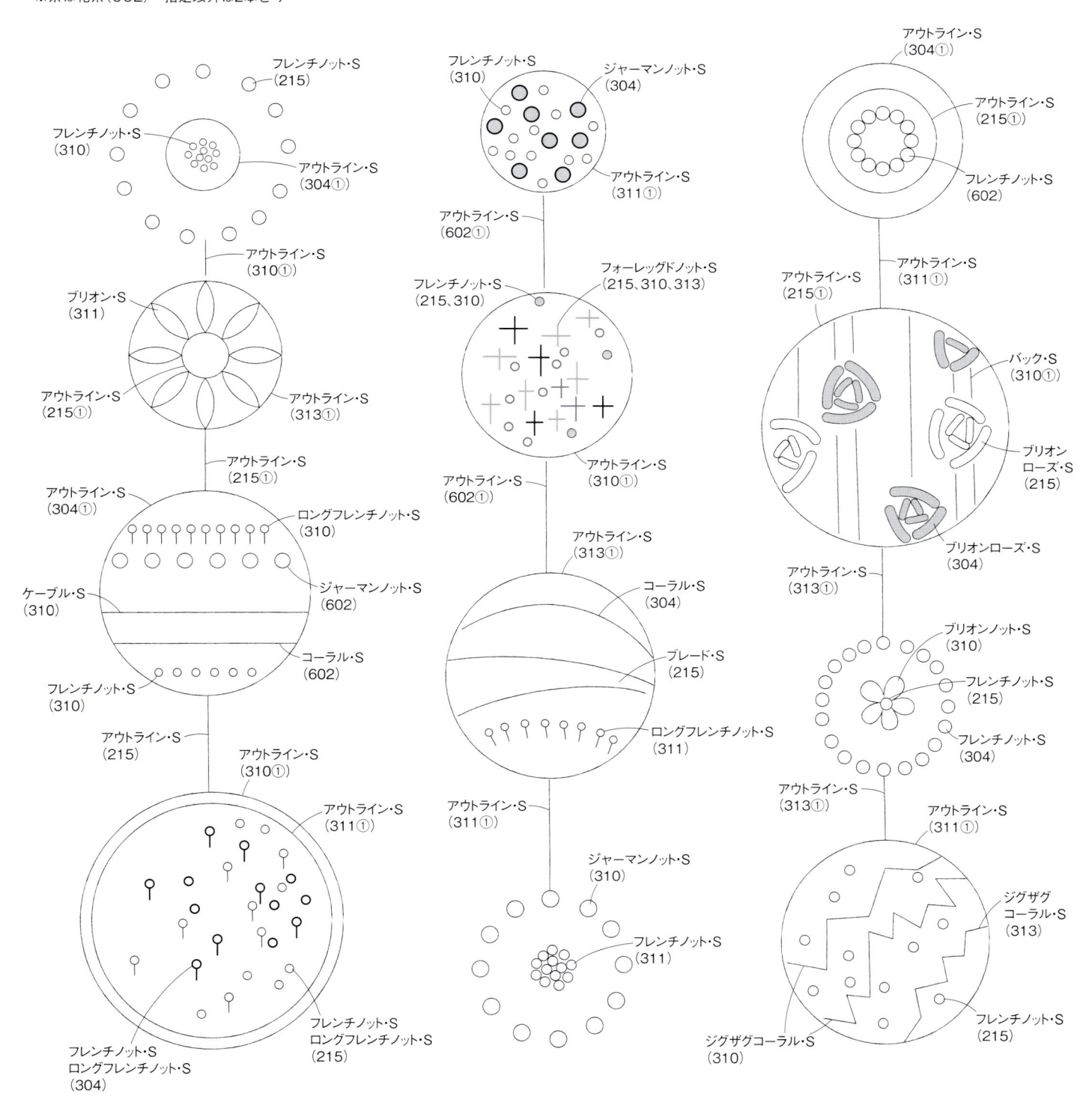

フレンチノット・S（215）
フレンチノット・S（310）
アウトライン・S（304①）
フレンチノット・S（310）
ジャーマンノット・S（304）
アウトライン・S（311①）
アウトライン・S（304①）
アウトライン・S（215①）
フレンチノット・S（602）
アウトライン・S（310①）
アウトライン・S（602①）
フレンチノット・S（215、310）
フォーレッグドノット・S（215、310、313）
アウトライン・S（215①）
アウトライン・S（311①）
ブリオン・S（311）
バック・S（310①）
アウトライン・S（215①）
アウトライン・S（313①）
ブリオンローズ・S（215）
アウトライン・S（215①）
アウトライン・S（602①）
アウトライン・S（310①）
ブリオンローズ・S（304）
アウトライン・S（304①）
ロングフレンチノット・S（310）
アウトライン・S（313①）
ケーブル・S（310）
ジャーマンノット・S（602）
コーラル・S（304）
アウトライン・S（313①）
ブリオンノット・S（310）
コーラル・S（602）
ブレード・S（215）
フレンチノット・S（215）
フレンチノット・S（310）
フレンチノット・S（304）
アウトライン・S（215）
アウトライン・S（310①）
ロングフレンチノット・S（311）
アウトライン・S（313①）
アウトライン・S（311①）
アウトライン・S（311①）
アウトライン・S（311①）
ジャーマンノット・S（310）
ジグザグコーラル・S（313）
フレンチノット・S（311）
フレンチノット・S
ロングフレンチノット・S（215）
フレンチノット・S
ロングフレンチノット・S（304）
ジグザグコーラル・S（310）
フレンチノット・S（215）

Knot stitch

フレンチノット・ステッチ

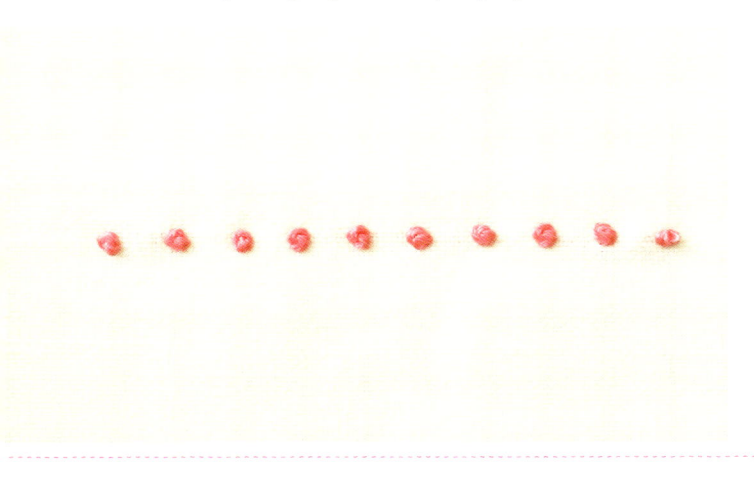

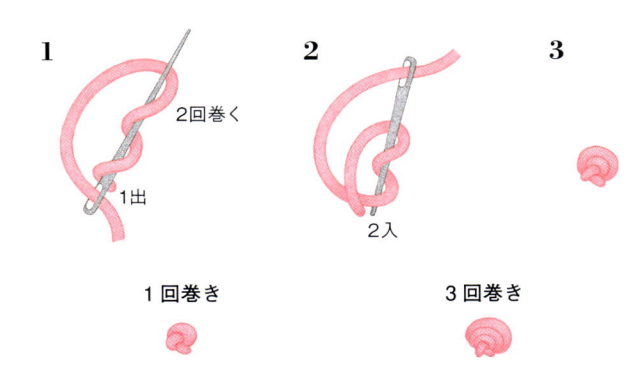

1 2回巻く / 1出
2 2入
3

1回巻き　　3回巻き

裏から出した針先に糸を巻き、針を出したきわに刺し戻し、形を整えて糸を引き締めます。

ロングフレンチノット・ステッチ

1 1出 / 2入
2

フレンチノット・ステッチと同じ要領で刺しますが、針を出した位置より少し離れたところに針を入れて糸を引きます。

コーラル・ステッチ

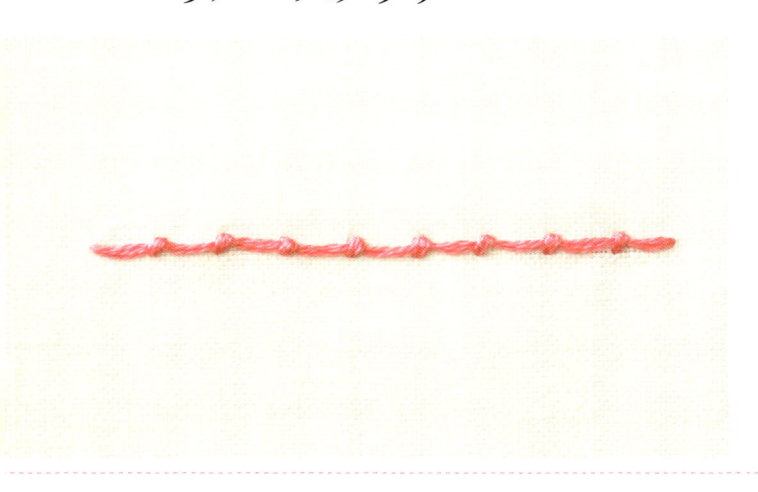

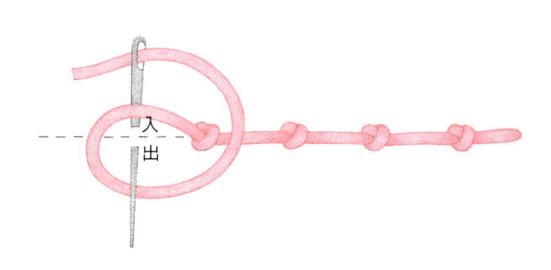

入／出

針を出したらステッチ幅をあけて一針すくい、ぐるりと糸をかけて結び目を作ります。刺す間隔や、布をすくう量で表情が変化します。

ジグザグコーラル・ステッチ

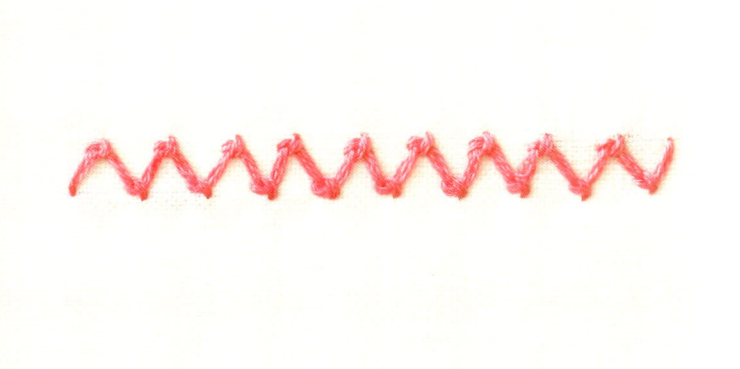

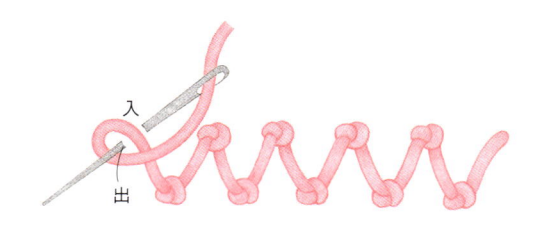

コーラル・ステッチをジグザグに刺していくステッチです。

フォーレッグドノット・ステッチ

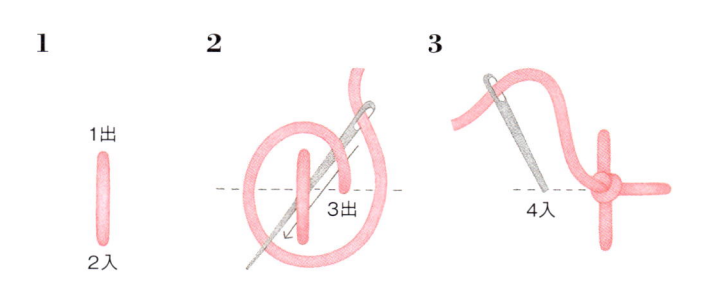

渡った糸に針をくぐらせ、中心に結び目を作りながら、クロスに形作ります。

ブレード・ステッチ

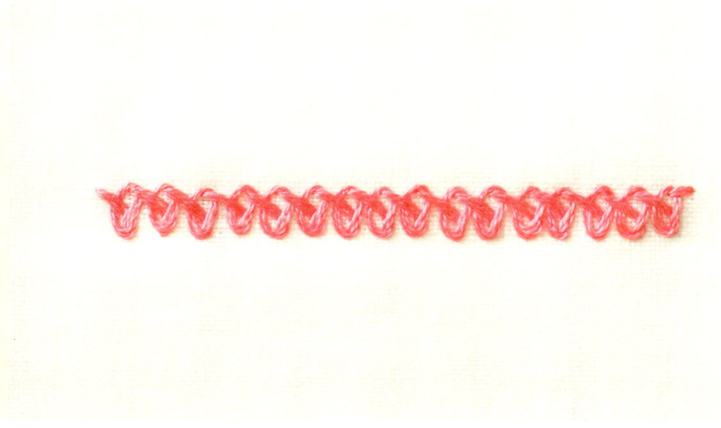

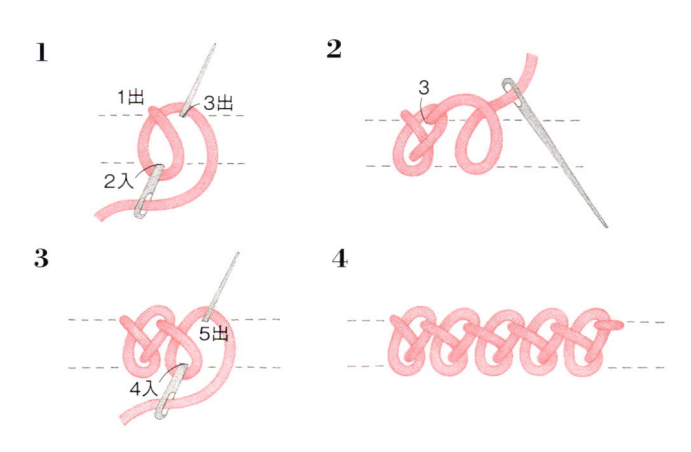

糸でステッチ幅の輪を作り、その輪の中に針を入れてゆるく結びます。繰り返して連続模様にします。糸の引き加減で表情が変わります。

Knot stitch

ジャーマンノット・ステッチ

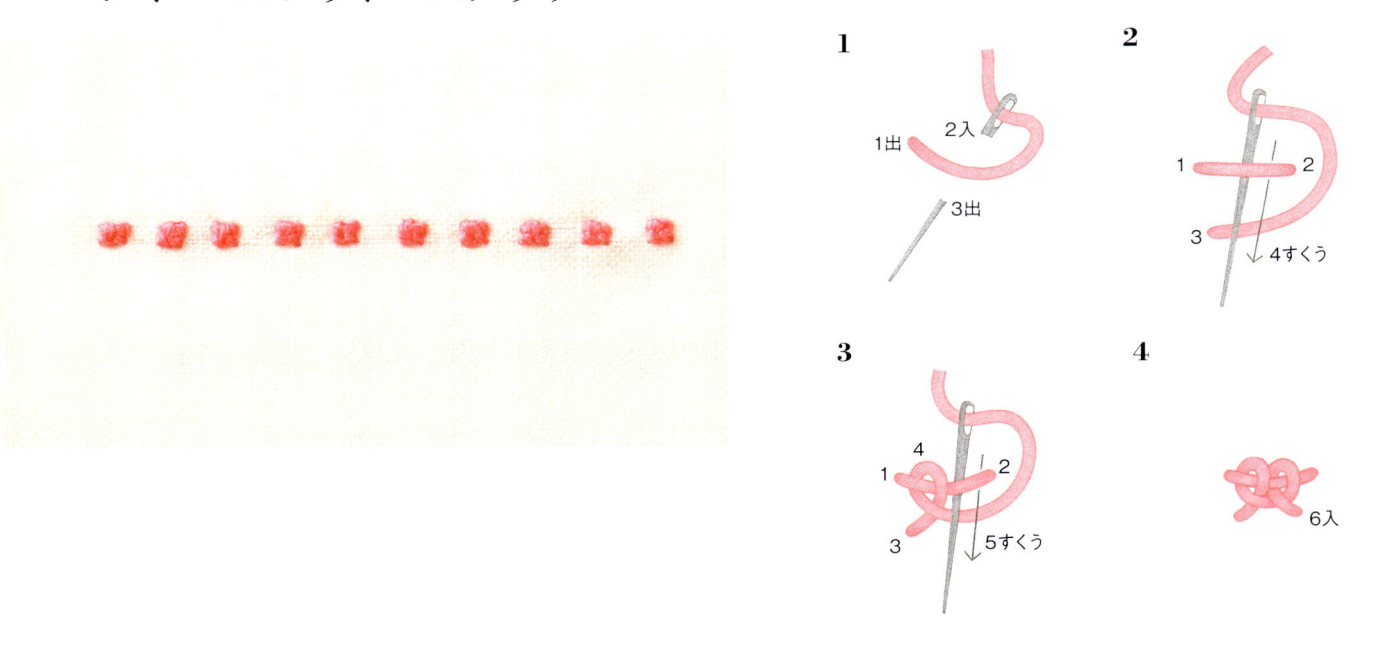

1. 1出 2入 3出
2. 1 2 3 ↓4すくう
3. 1 4 2 3 ↓5すくう
4. 6入

フレンチノット・ステッチ(32ページ参照)より大きな玉を作ることができます。渡った糸を上からすくい、もう一度上からすくって刺します。

ケーブル・ステッチ

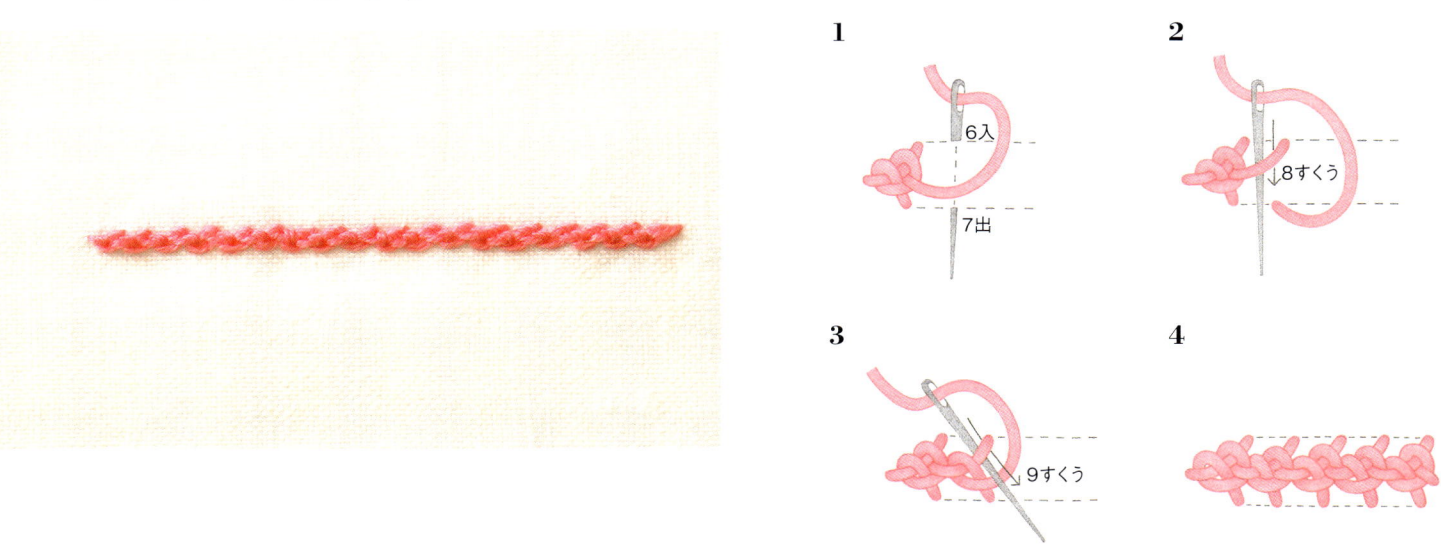

1. 6入 7出
2. ↓8すくう
3. ↓9すくう
4.

ジャーマンノット・ステッチを連続に刺します。立体的な幅のある線が表現できます。

ブリオン・ステッチ

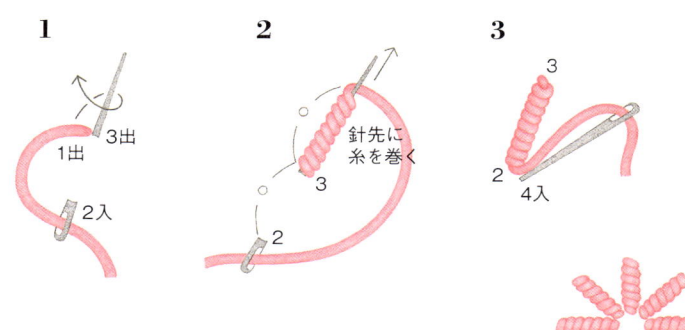

1 **2** **3**

1出 / 3出 / 2入 / 針先に糸を巻く / 3 / 2 / 4入

糸を巻いた立体的なステッチ。どちらの向きにも刺すことができるので、ふっくらした花などに利用します。ステッチの長さ分の布をすくい、出ている針にステッチの長さより少し多く糸を巻きつけ、ゆるまないように針を抜き、手前に倒してとめます。

ブリオンローズ・ステッチ

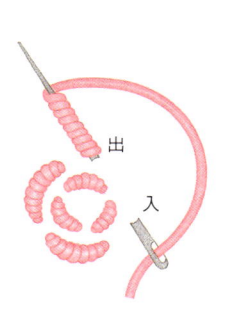

出 / 入

ブリオン・ステッチをバラの花のように、中心から形よく刺していきます。外側の花弁は、内側より針に糸を巻く回数を増やします。

ブリオンノット・ステッチ

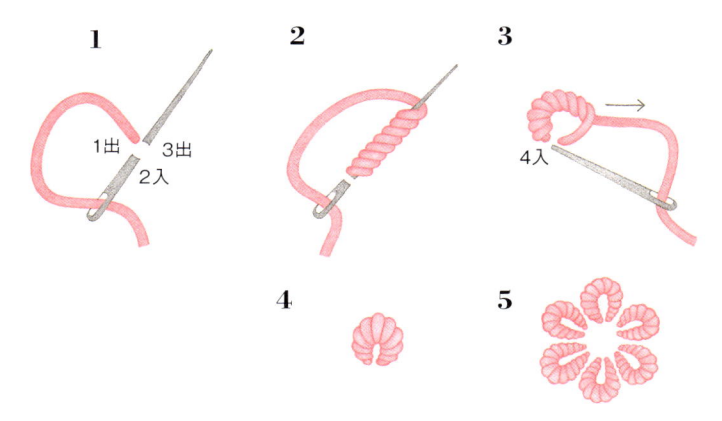

1 **2** **3**

1出 / 3出 / 2入 / 4入

4 **5**

丸いやや大きい玉ができます。小花、木の実などを表現するのに適しています。ブリオン・ステッチの要領で針に糸を巻きつけて抜き、針を初めに出したきわに刺し戻します。

035

Chain stitch チェーン・ステッチの仲間

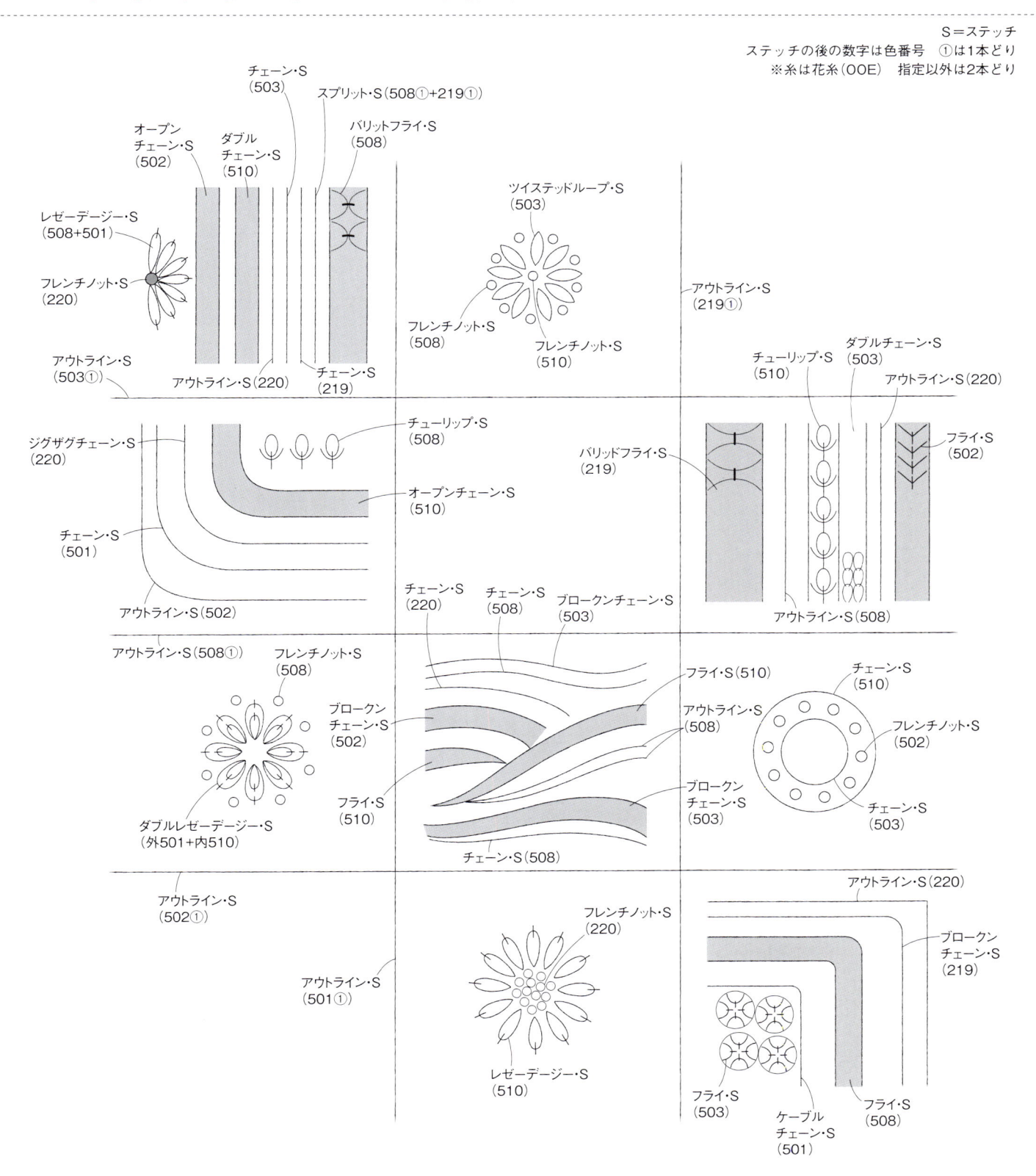

鎖のように針目がつながっていくステッチ。太めでなめらかなラインが表現できます。
また、刺す幅や糸の引き加減でいろいろな表情を作ることができます。

S＝ステッチ
ステッチの後の数字は色番号　①は1本どり
※糸は花糸（OOE）　指定以外は2本どり

- チェーン・S（503）
- オープンチェーン・S（502）
- ダブルチェーン・S（510）
- スプリット・S（508①+219①）
- バリットフライ・S（508）
- ツイステッドループ・S（503）
- レゼーデージー・S（508+501）
- フレンチノット・S（220）
- フレンチノット・S（508）
- フレンチノット・S（510）
- アウトライン・S（219①）
- チューリップ・S（510）
- ダブルチェーン・S（503）
- アウトライン・S（220）
- アウトライン・S（503①）
- アウトライン・S（220）
- チェーン・S（219）
- ジグザグチェーン・S（220）
- チューリップ・S（508）
- オープンチェーン・S（510）
- バリッドフライ・S（219）
- フライ・S（502）
- チェーン・S（501）
- アウトライン・S（502）
- チェーン・S（220）
- チェーン・S（508）
- ブロークンチェーン・S（503）
- アウトライン・S（508）
- アウトライン・S（508①）
- フレンチノット・S（508）
- ブロークンチェーン・S（502）
- フライ・S（510）
- アウトライン・S（508）
- チェーン・S（510）
- フレンチノット・S（502）
- フライ・S（510）
- ブロークンチェーン・S（503）
- チェーン・S（503）
- ダブルレゼーデージー・S（外501+内510）
- チェーン・S（508）
- アウトライン・S（502①）
- フレンチノット・S（220）
- アウトライン・S（501①）
- レゼーデージー・S（510）
- アウトライン・S（220）
- ブロークンチェーン・S（219）
- フライ・S（503）
- ケーブルチェーン・S（501）
- フライ・S（508）

Chain stitch

チェーン・ステッチ

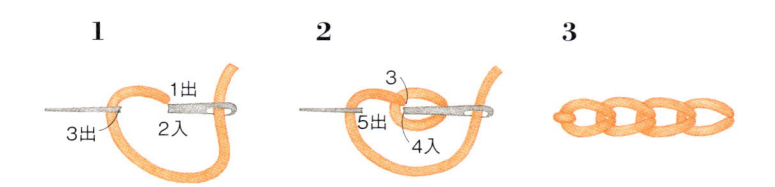

1 1出 / 2入 / 3出
2 3 / 5出 / 4入
3

出した針のきわに針を入れて布を一針すくい、針先に糸をかけて抜きます。針目が鎖のようにつながっていきます。刺し終わりはチェーンのきわに針を入れてとめます。

輪にするときの刺し終わりは、始めのステッチをすくい、出した針のきわに、針を戻し入れます。

オープンチェーン・ステッチ

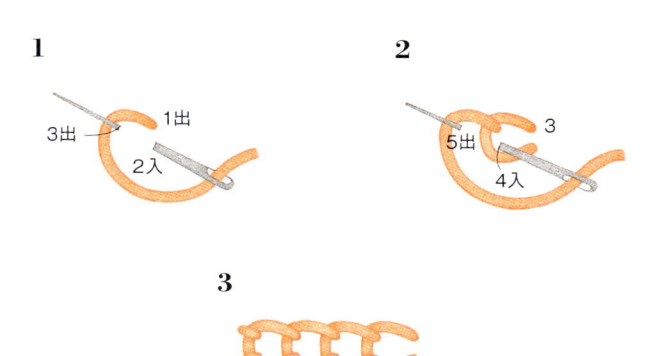

1 3出 / 1出 / 2入
2 5出 / 3 / 4入
3

チェーン・ステッチの鎖の根元が開くように刺します。

ブロークンチェーン・ステッチ

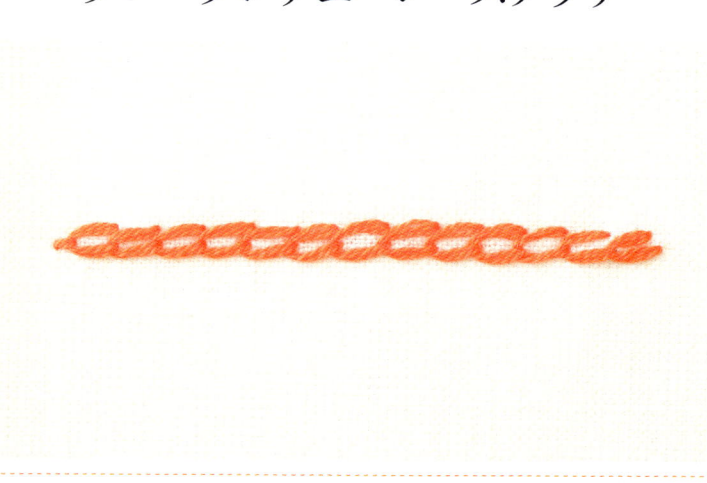

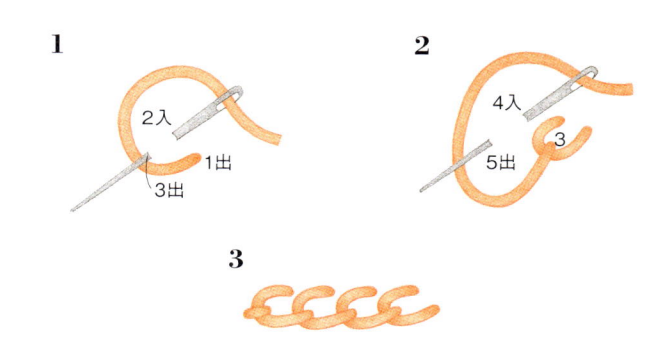

1 2入 / 1出 / 3出
2 4入 / 3 / 5出
3

チェーン・ステッチの輪の足の片側を輪の外に刺し入れ、鎖の形を崩したようになります。

ケーブルチェーン・ステッチ

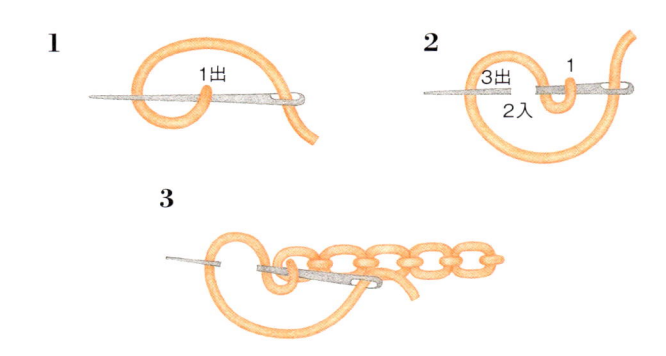

裏から針を出し、上から下に糸をかけて2～3mm先の布を一針すくい、針先に糸をかけて抜きます。

レゼーデージー・ステッチ

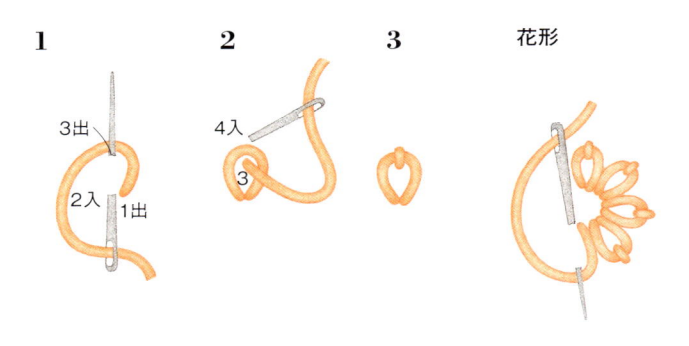

チェーン・ステッチと同様に刺しますが、輪の一か所を小さく一鎖ずつとめます。円に配置すると愛らしい花になります。

ダブルレゼーデージー・ステッチ

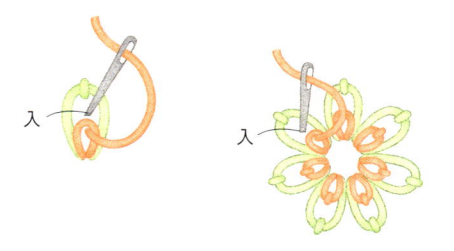

レゼーデージー・ステッチの大小を二つ重ねて刺します。大きな花弁の中をうめるときなどに向きます。

Chain stitch

ジグザグチェーン・ステッチ

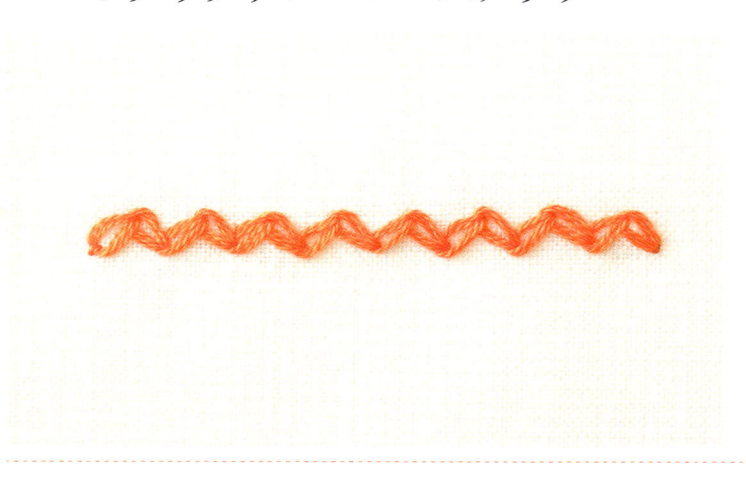

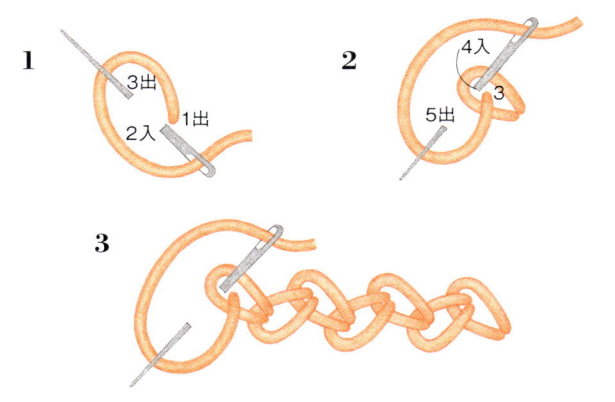

1 3出 / 2入 1出
2 4入 / 3 / 5出
3

上に、下にと交互にチェーン・ステッチ(38ページ参照)を刺します。刺し幅の変化で飾りのラインやボーダーを作ることができます。

ツイステッドループ・ステッチ

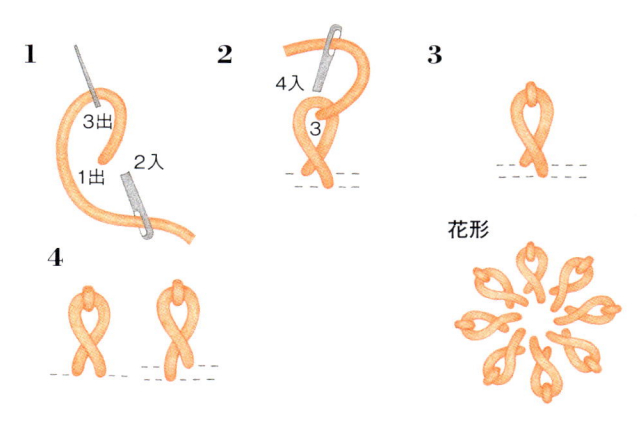

1 3出 / 1出 2入
2 4入 / 3
3
4
花形

チェーン・ステッチを根元で交差するように刺します。根元の針の刺し位置で長さが違い、表情が変わります。円に配置すると愛らしい花になります。

ツイステッドチェーン・ステッチ

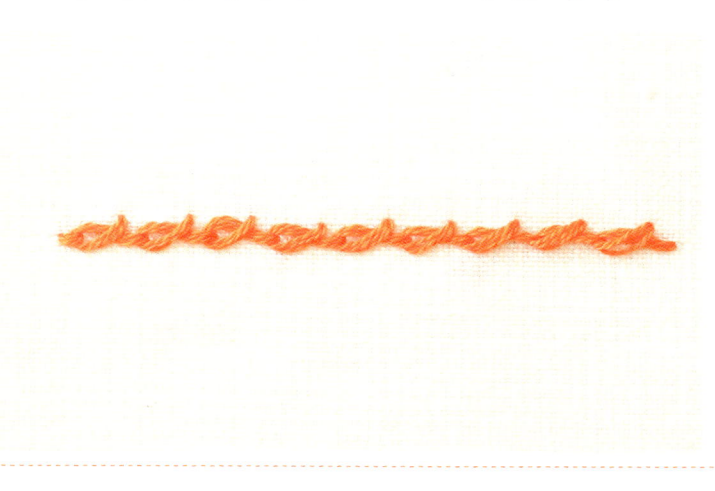

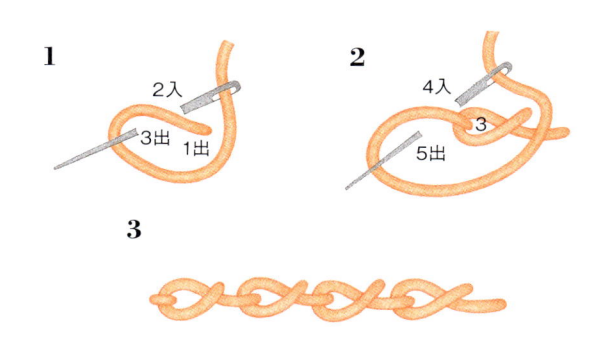

1 2入 / 3出 1出
2 4入 / 3 / 5出
3

ツイステッドループ・ステッチをつなげて刺していきます。

ダブルチェーン・ステッチ

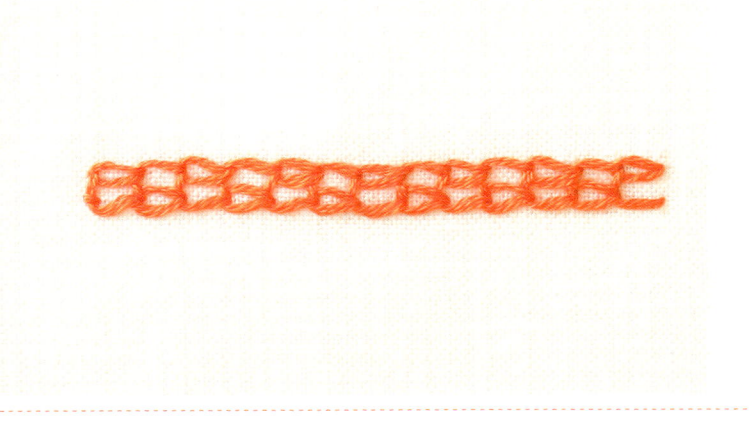

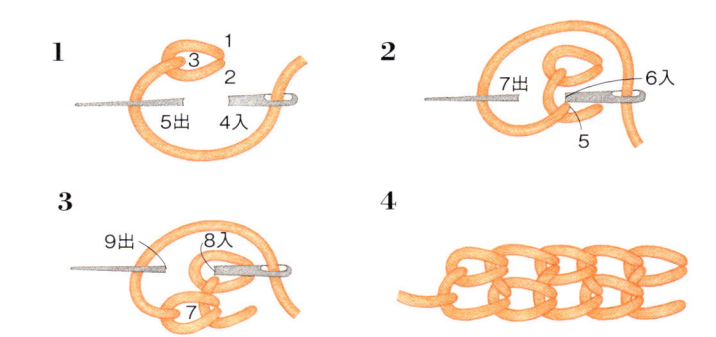

1 3／1／2／5出／4入
2 7出／6入／5
3 9出／8入／7
4

刺し幅の上下に、交互にチェーン・ステッチをします。前のチェーンの内側に針を入れ、刺し幅の線上に針を入れます。

ロゼットチェーン・ステッチ

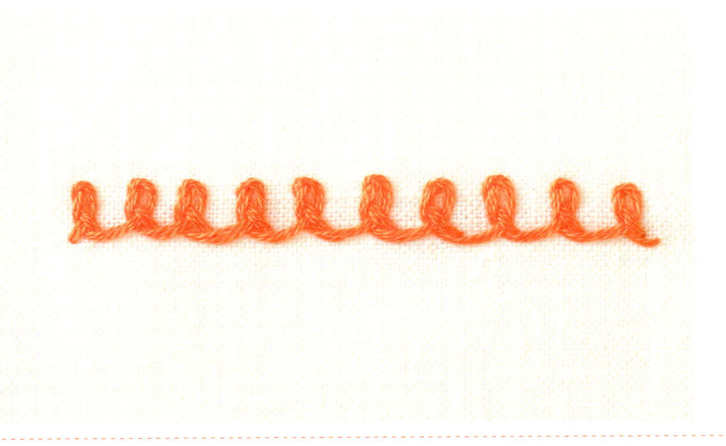

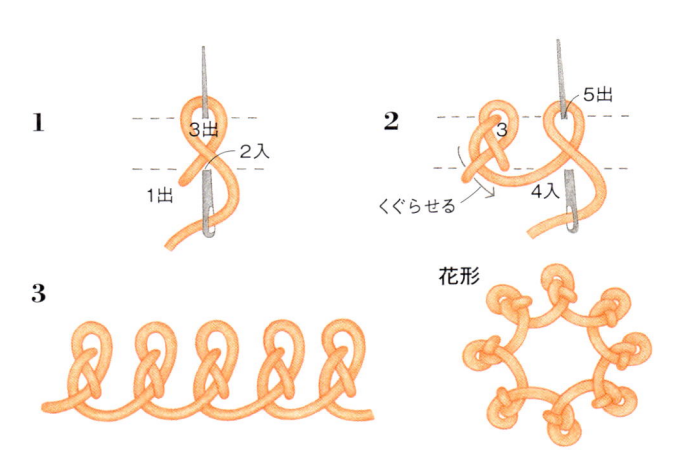

1 3出／2入／1出
2 3／5出／くぐらせる／4入
3
花形

ツイステッドチェーン・ステッチをつながっているように続けて刺していきます。円を作ると花や花火などが表現できます。

チューリップ・ステッチ

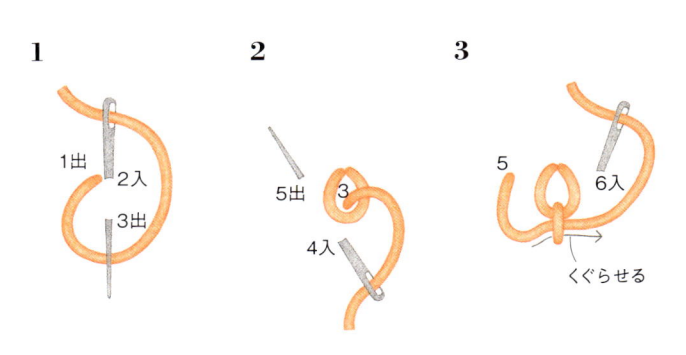

1 1出／2入／3出
2 5出／3／4入
3 5／6入／くぐらせる

チューリップの花の形を作るように、二つのチェーン・ステッチを重ねて刺します。

Chain stitch

クレステッドチェーン・ステッチ

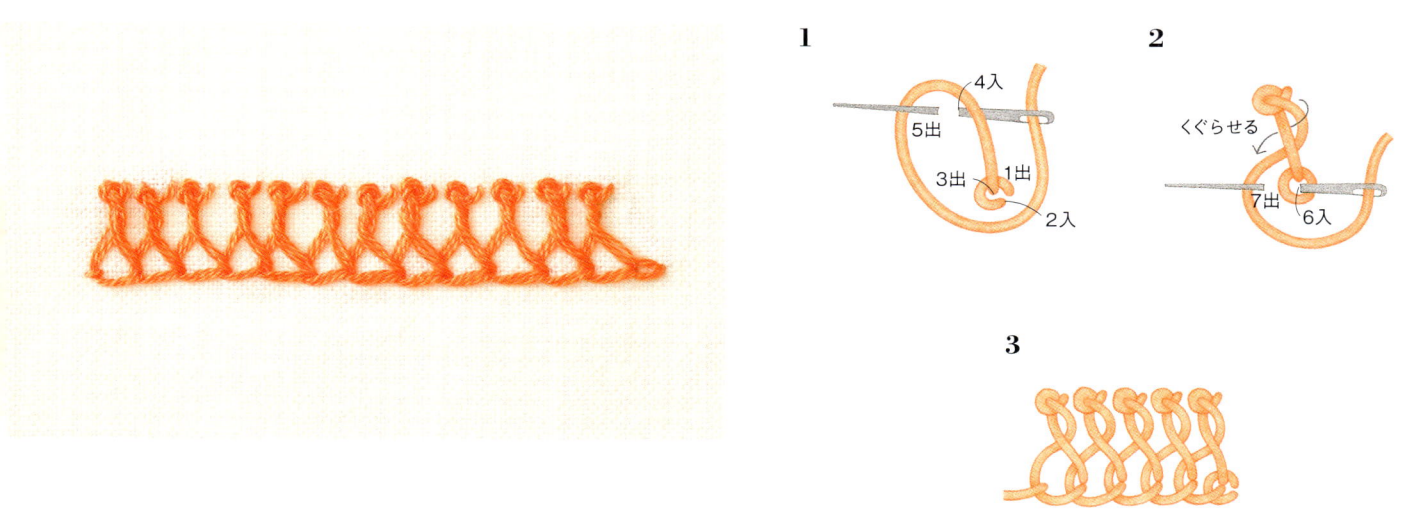

1. 4入 / 5出 / 3出 / 1出 / 2入
2. くぐらせる / 7出 / 6入
3.

「とさかのある鎖」という意味で、糸の引き加減が少し難しいですが、動きのあるステッチになります。

フライ・ステッチ

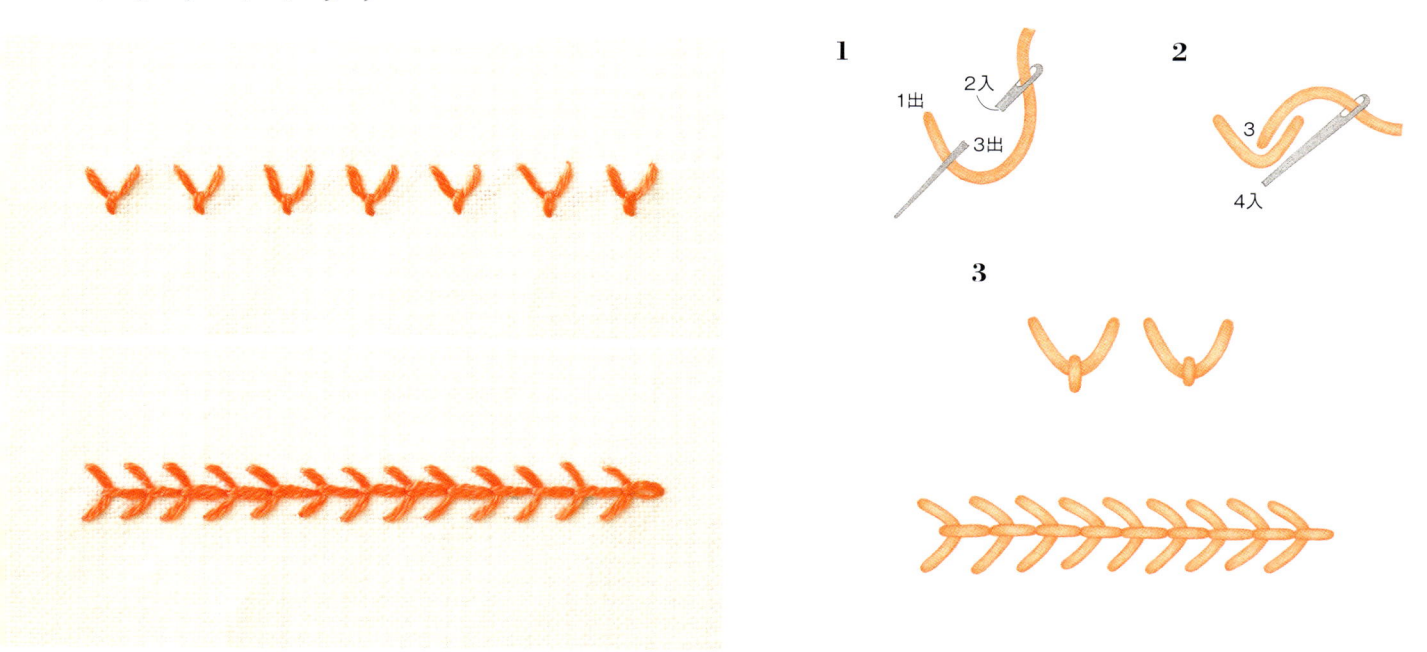

1. 1出 / 2入 / 3出
2. 3 / 4入
3.

V字やY字の形に刺します。刺し幅や足の長さを変えることでいろいろな表情に刺すことができます。横につなげてもきれいです。

バリッドフライ・ステッチ

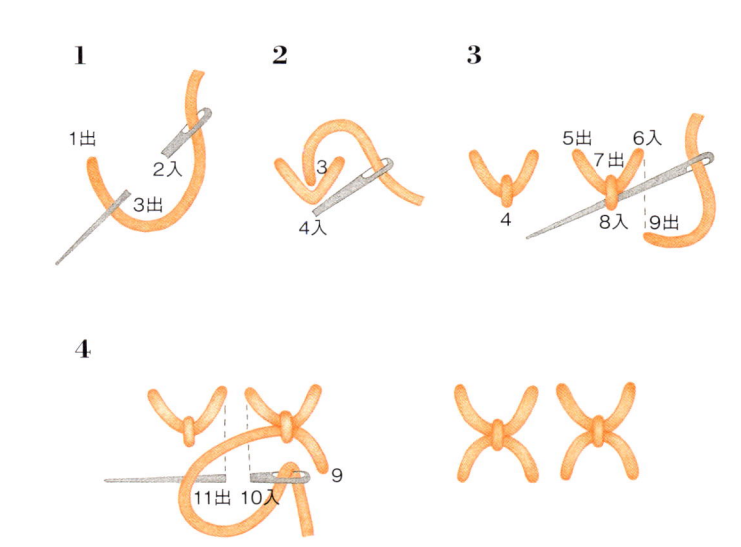

フライ・ステッチのバリエーションです。V字に刺したフライ・ステッチの足に通して下側にもフライ・ステッチを作ります。

スプリット・ステッチ

2色使いのチェーン・ステッチ。色の違う2本の糸を針に通し、1本の糸のように同時に刺していきます。2色の糸の片方を針の上に、もう一方を針の下にして刺します。単色で刺すこともあります。

チェッカードチェーン・ステッチ

2色使いのチェーン・ステッチ。2色の糸を一度に刺して一方を針の上、もう一方を針の下にして引くと1色のチェーンができます。一針ずつ交互に刺していきます。

小さな草花のバリエーション

デザイン・制作　立川一美　図案・刺し方138〜139ページ

風に揺れる小さな草花を輪の中にデザインしました。茎はバック・ステッチですっきりと、花のふくらみはレゼーデージー・ステッチ、ブリオンノット・ステッチ、サテン・ステッチで表現。ボタンホール・ステッチで刺した花もポップで軽やかです。

045

Feather stitch　フェザー・ステッチの仲間

046

チェーン・ステッチと同じように刺しますが、先が開いていて羽のような柔らかな刺し方です。
縁飾り、茎や葉などを表現するのに使われます。

S＝ステッチ
ステッチの後の数字は色番号　①は1本どり
※糸は花糸（OOE）　指定以外は2本どり

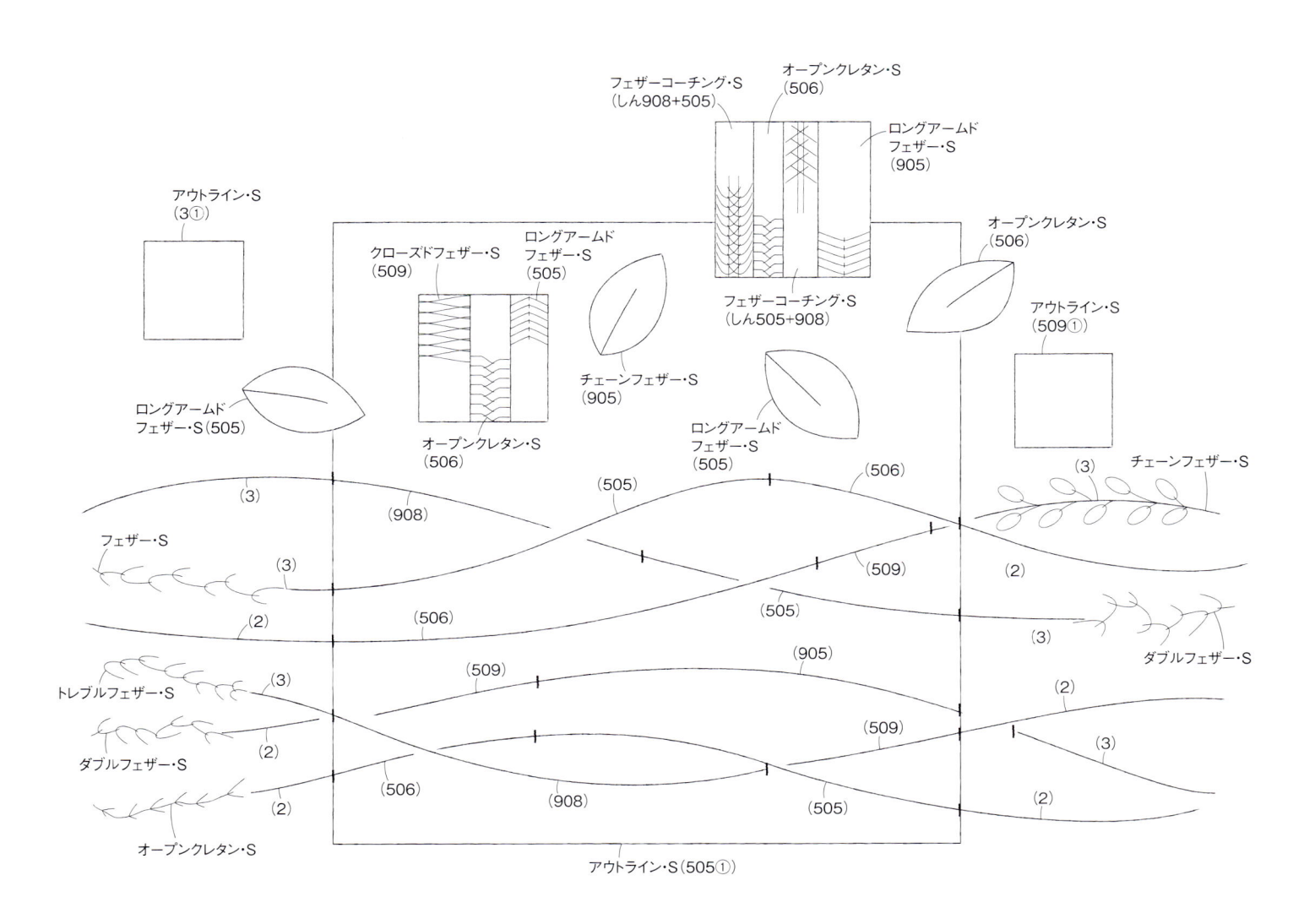

アウトライン・S
(3①)

フェザーコーチング・S
(しん908＋505)

オープンクレタン・S
(506)

ロングアームド
フェザー・S
(905)

クローズドフェザー・S
(509)

ロングアームド
フェザー・S
(505)

オープンクレタン・S
(506)

アウトライン・S
(509①)

ロングアームド
フェザー・S(505)

オープンクレタン・S
(506)

チェーンフェザー・S
(905)

フェザーコーチング・S
(しん505＋908)

ロングアームド
フェザー・S
(505)

チェーンフェザー・S
(3)

フェザー・S
(3)

(908)

(505)

(506)

(2)

(3)

(506)

(505)

ダブルフェザー・S

トレブルフェザー・S
(3)

(509)

(905)

(2)

ダブルフェザー・S
(2)

(506)

(908)

(509)

(505)

(3)

(2)

オープンクレタン・S

アウトライン・S(505①)

Feather stitch

フェザー・ステッチ

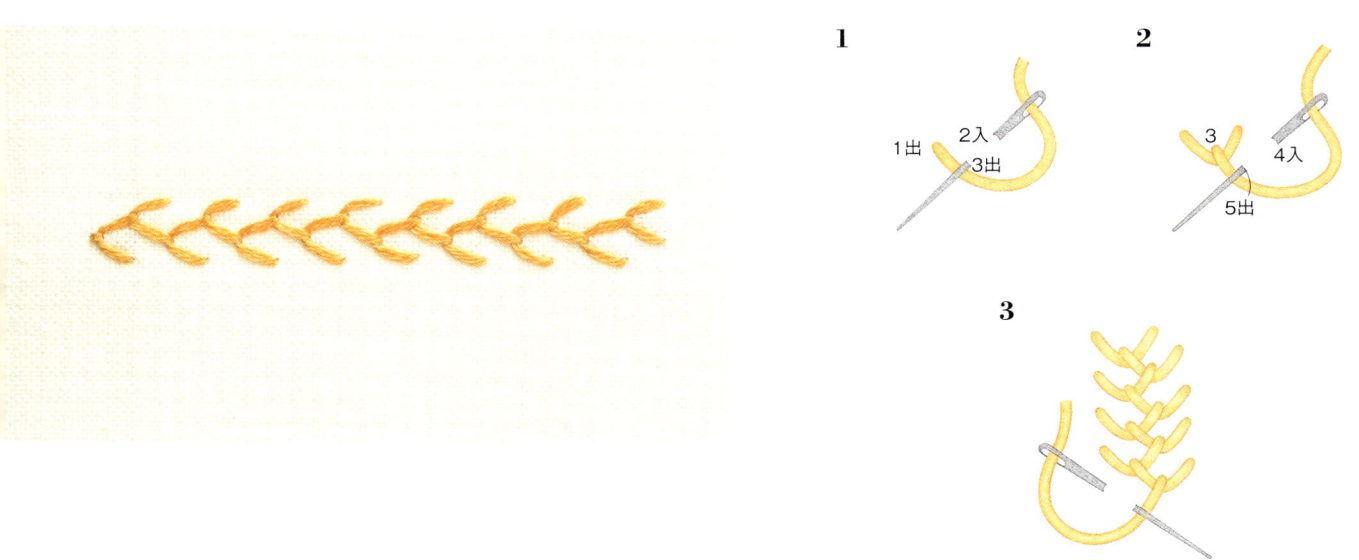

図中1に針を出し、2から3の方向に斜めに布を一針すくい、その針に糸をかけて引き出します。左右交互に刺していきます。

シングルフェザー・ステッチ

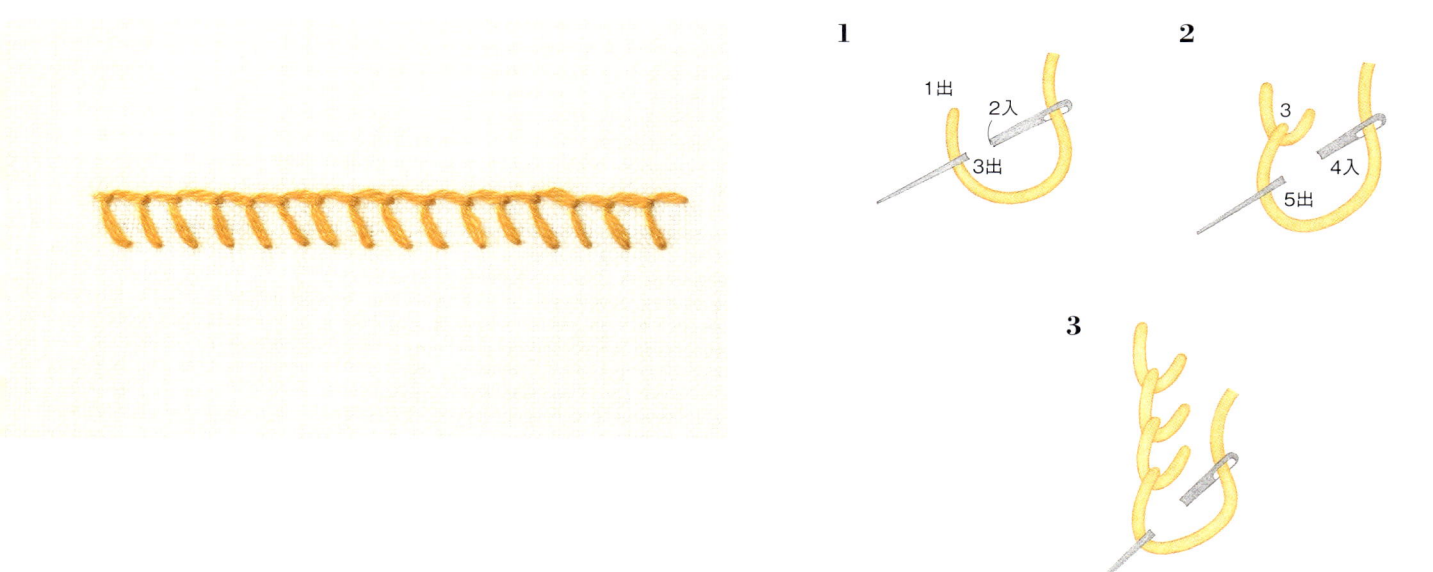

フェザー・ステッチと同じように一針すくい、その針に糸をかけて引き出します。一方向のみ繰り返して刺す、片羽のフェザー・ステッチです。

ダブルフェザー・ステッチ

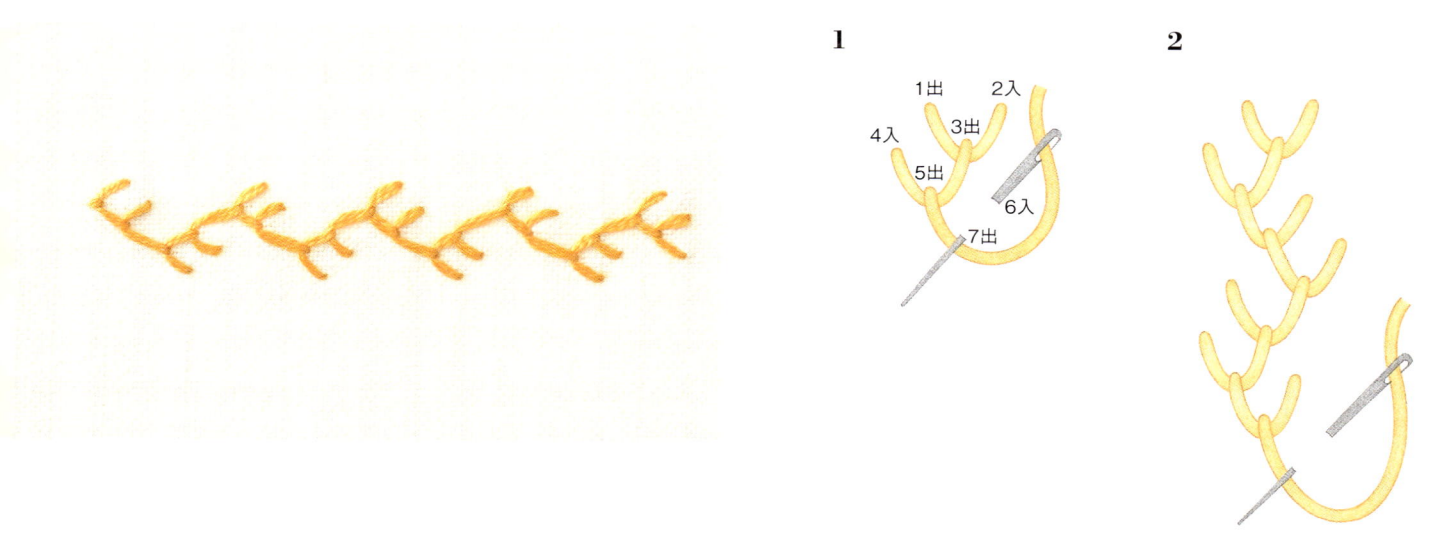

1
1出 2入
4入 3出
5出
6入
7出

2

フェザー・ステッチを左右に2回ずつ繰り返して刺します。動きのあるおもしろい表情が出ます。

トレブルフェザー・ステッチ

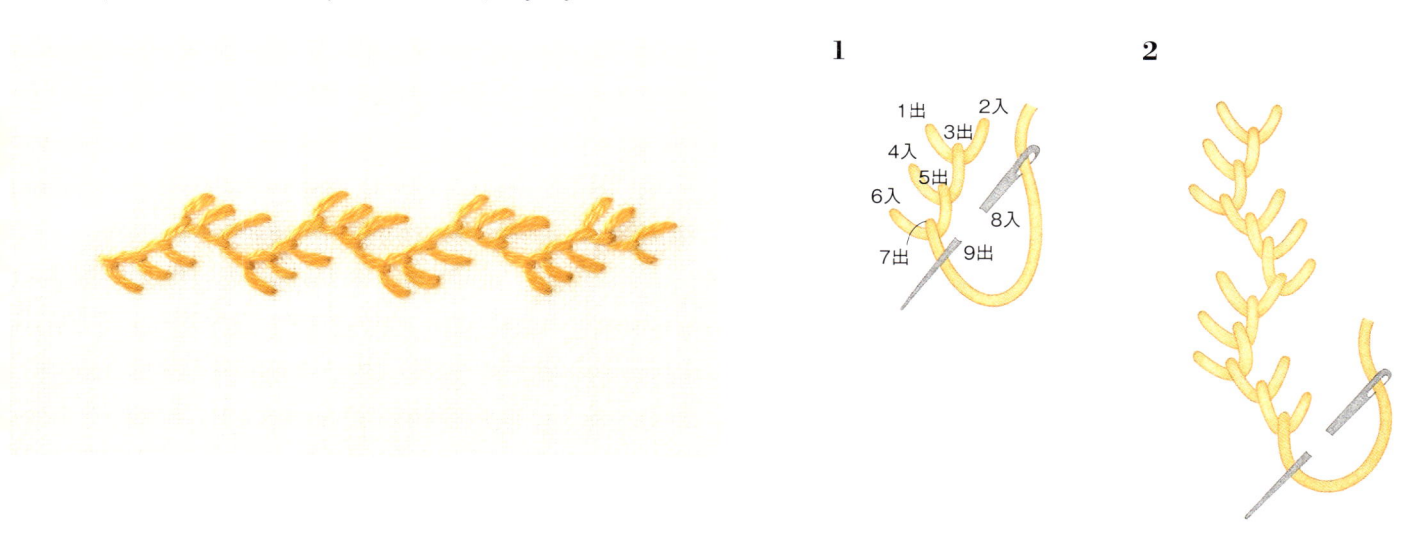

1
1出 2入
4入 3出
6入 5出
8入
7出 9出

2

フェザー・ステッチを左右に3回ずつ繰り返して刺すステッチです。

049

Feather stitch

オープンクレタン・ステッチ

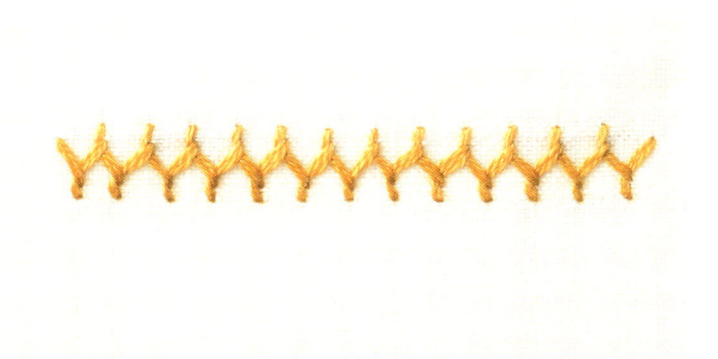

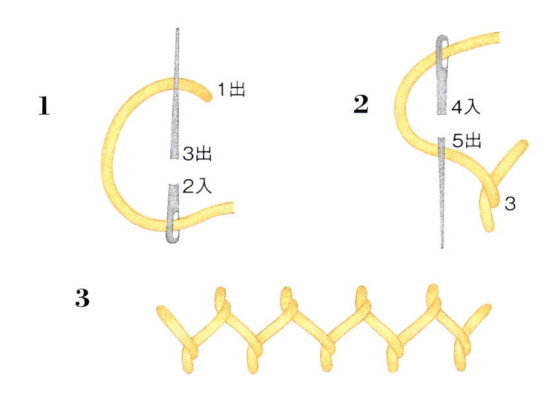

図中1に針を出して布を下から上に一針すくい、針に糸をかけて引きます。次に上から下にすくい、針に糸をかけて引きます。すくう長さや幅の位置で表情が変わります。

クローズドフェザー・ステッチ

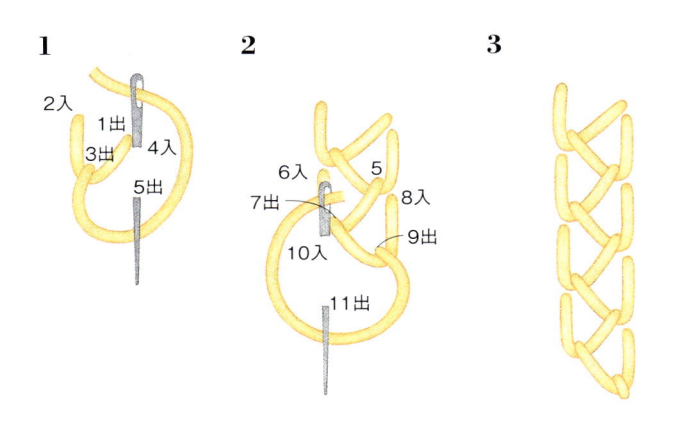

フェザー・ステッチ(48ページ参照)と同様に刺しますが、針の入れる位置が変わり、開いていたフェザーを閉じるようにします。

フェザーコーチング・ステッチ

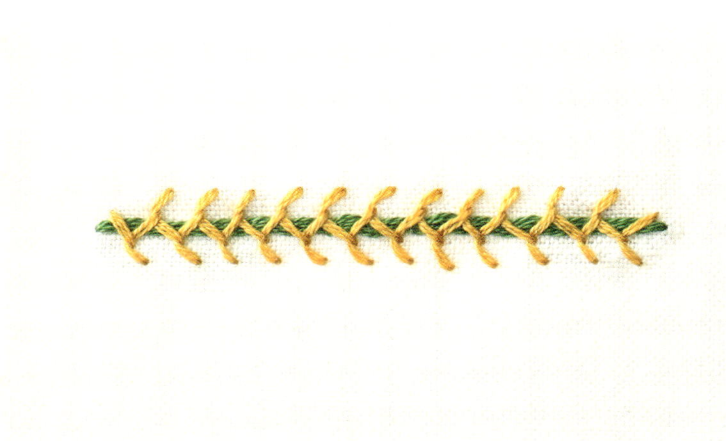

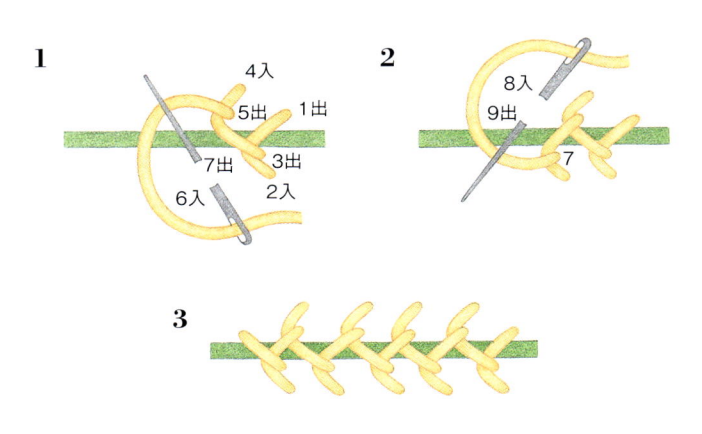

コード、毛糸など別糸をとめるためのフェザー・ステッチです。

チェーンフェザー・ステッチ

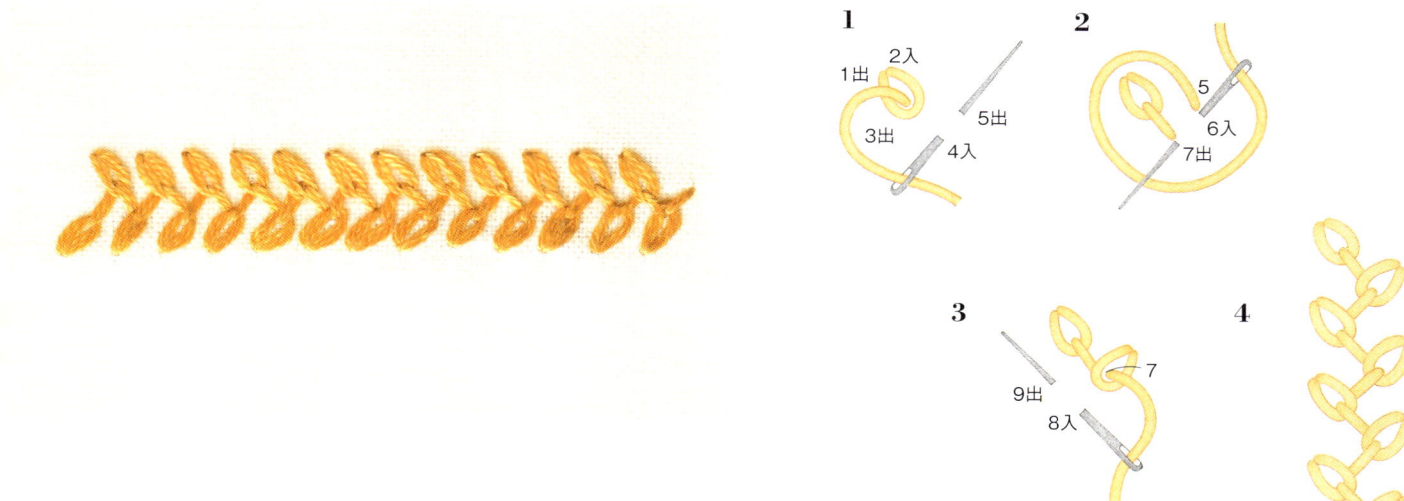

チェーン・ステッチ(38ページ参照)の頭の向きを左右交互に変えて、やや長めにとめてジグザグにつなげていきます。

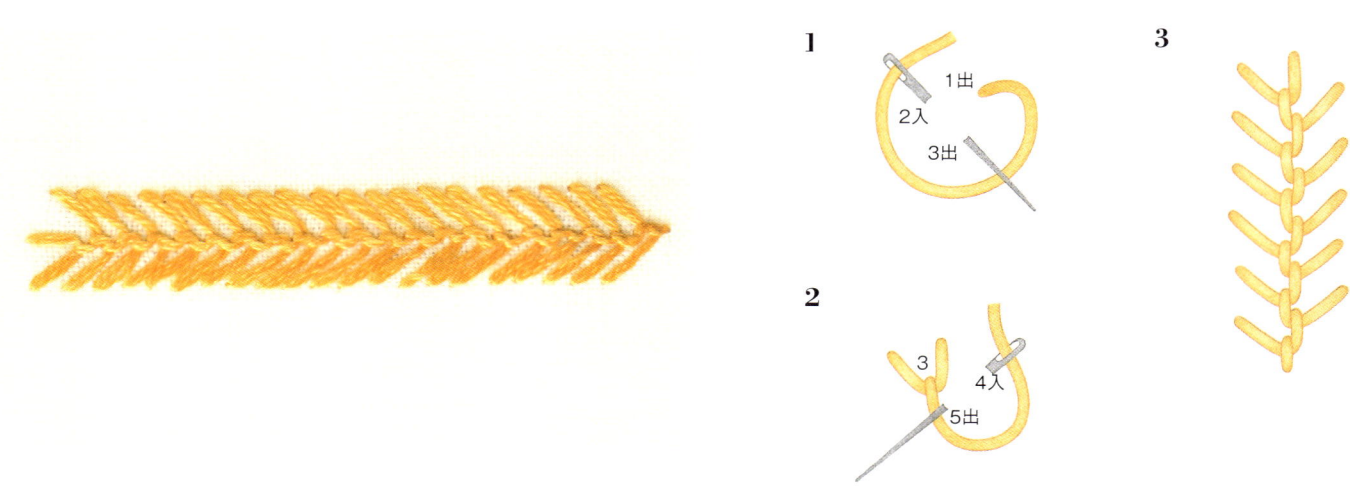

ロングアームドフェザー・ステッチ

フェザー・ステッチ(48ページ参照)の片方の羽を長く、もう一方の羽を短くして中央にそろえて刺します。

Herringbone stitch

ヘリンボーン・ステッチの仲間

上下に糸を交差させながら幅のあるラインを作っていくステッチです。
「ヘリンボーン」はニシンの骨のこと。基本は杉綾模様になります。

S＝ステッチ
ステッチの後の数字は色番号　①は1本どり
※糸は花糸（OOE）　指定以外は2本どり

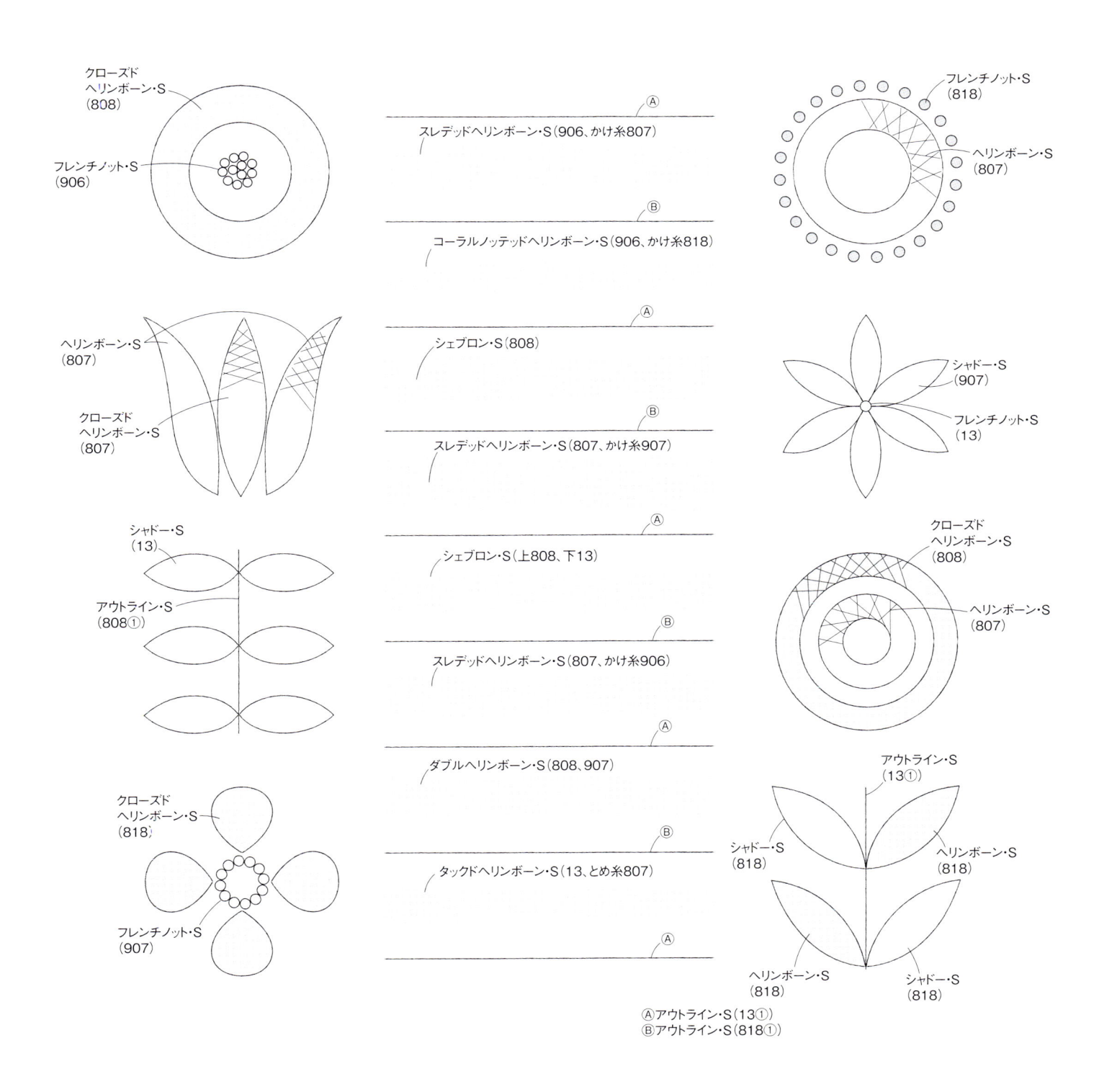

クローズドヘリンボーン・S（808）
フレンチノット・S（906）

スレデッドヘリンボーン・S（906、かけ糸807） Ⓐ
コーラルノッテッドヘリンボーン・S（906、かけ糸818） Ⓑ

フレンチノット・S（818）
ヘリンボーン・S（807）

ヘリンボーン・S（807）
クローズドヘリンボーン・S（807）

シェブロン・S（808） Ⓐ
スレデッドヘリンボーン・S（807、かけ糸907） Ⓑ

シャドー・S（907）
フレンチノット・S（13）

シャドー・S（13）
アウトライン・S（808①）

シェブロン・S（上808、下13） Ⓐ
スレデッドヘリンボーン・S（807、かけ糸906） Ⓑ

クローズドヘリンボーン・S（808）
ヘリンボーン・S（807）

ダブルヘリンボーン・S（808、907） Ⓐ
タックドヘリンボーン・S（13、とめ糸807） Ⓑ

クローズドヘリンボーン・S（818）
フレンチノット・S（907）

Ⓐ
Ⓐアウトライン・S（13①）
Ⓑアウトライン・S（818①）

アウトライン・S（13①）
シャドー・S（818）
ヘリンボーン・S（818）
ヘリンボーン・S（818）
シャドー・S（818）

053

Herringbone stitch

ヘリンボーン・ステッチ

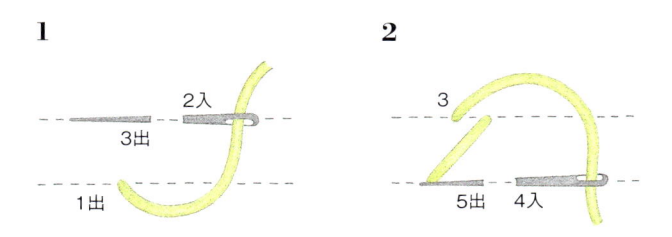

1 2入 / 3出 / 1出

2 3 / 5出 4入

3 7出 6入 / 5 9出 8入

仕上がり幅の下に針を出し、ステッチ幅の上をすくって一針戻り、再び下に戻り、一針戻るようにすくいます。

クローズドヘリンボーン・ステッチ

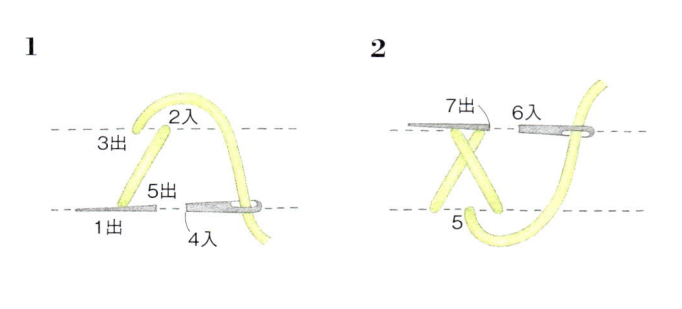

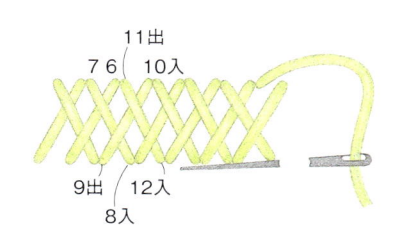

1 2入 / 3出 / 1出 5出 4入

2 7出 6入 / 5

3 11出 / 7 6 10入 / 9出 12入 / 8入

ヘリンボーン・ステッチをすき間なく詰めて刺します。図中の2と7、4と9は同じ針穴になります。裏から見ると幅広のダブルバック・ステッチ(16ページ参照)になります。

ダブルヘリンボーン・ステッチ

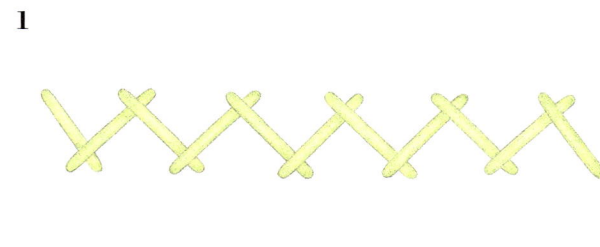

1

2

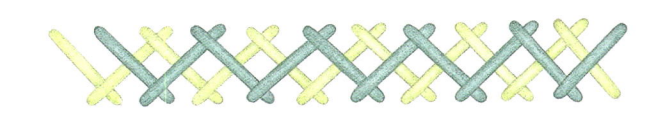

やや幅広にヘリンボーン・ステッチを刺し、その間に別色の糸でうめるように重ねてヘリンボーン・ステッチを刺します。

タックドヘリンボーン・ステッチ

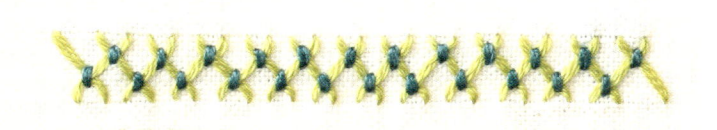

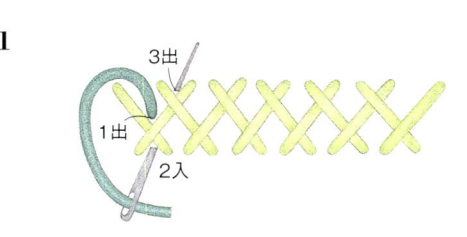

1　3出　1出　2入

2　3　4入　5出

3

ヘリンボーン・ステッチの上から別糸で、交点を縦にとめていきます。

Herringbone stitch

スレデッドヘリンボーン・ステッチ

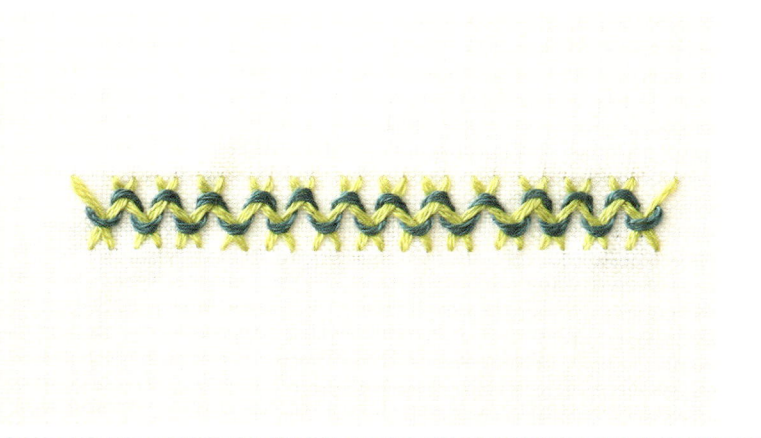

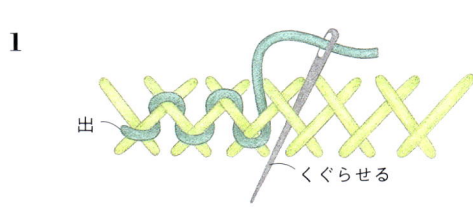

1

2

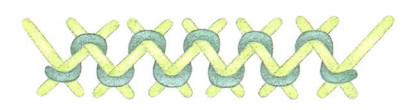

ヘリンボーン・ステッチの上から別糸で、図のように交点をすくっていきます。

コーラルノッテッドヘリンボーン・ステッチ

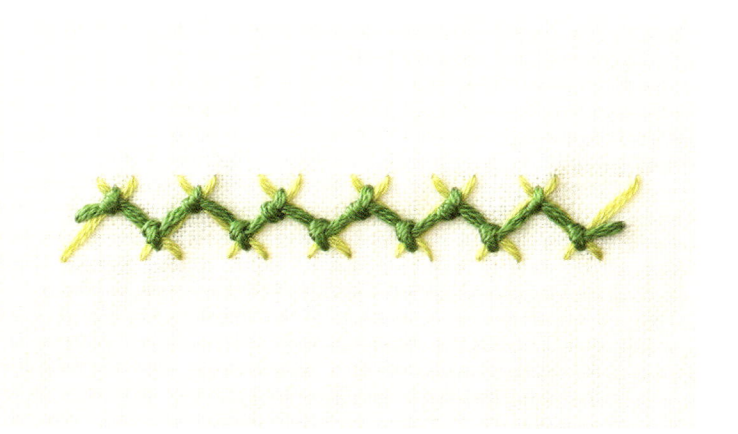

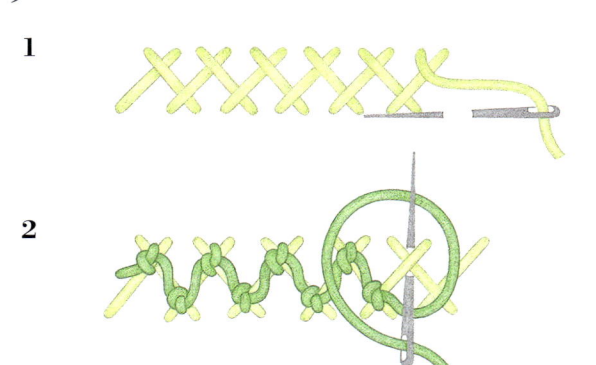

1

2

ヘリンボーン・ステッチの上から別糸で、交点をジグザグコーラル・ステッチの要領(33ページ参照)で結んでいきます。

ヘリンボーンラダー・ステッチ

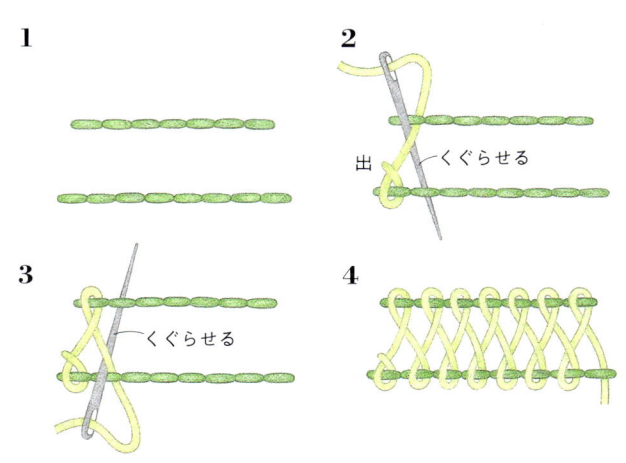

1 **2**

3 **4**

まず半目(針目の長さの半分)ずらした2本のバック・ステッチ(15ページ参照)を刺します。別糸でバック・ステッチを上から下、下から上へと針に糸をからげてすくっていきます。

シェブロン・ステッチ

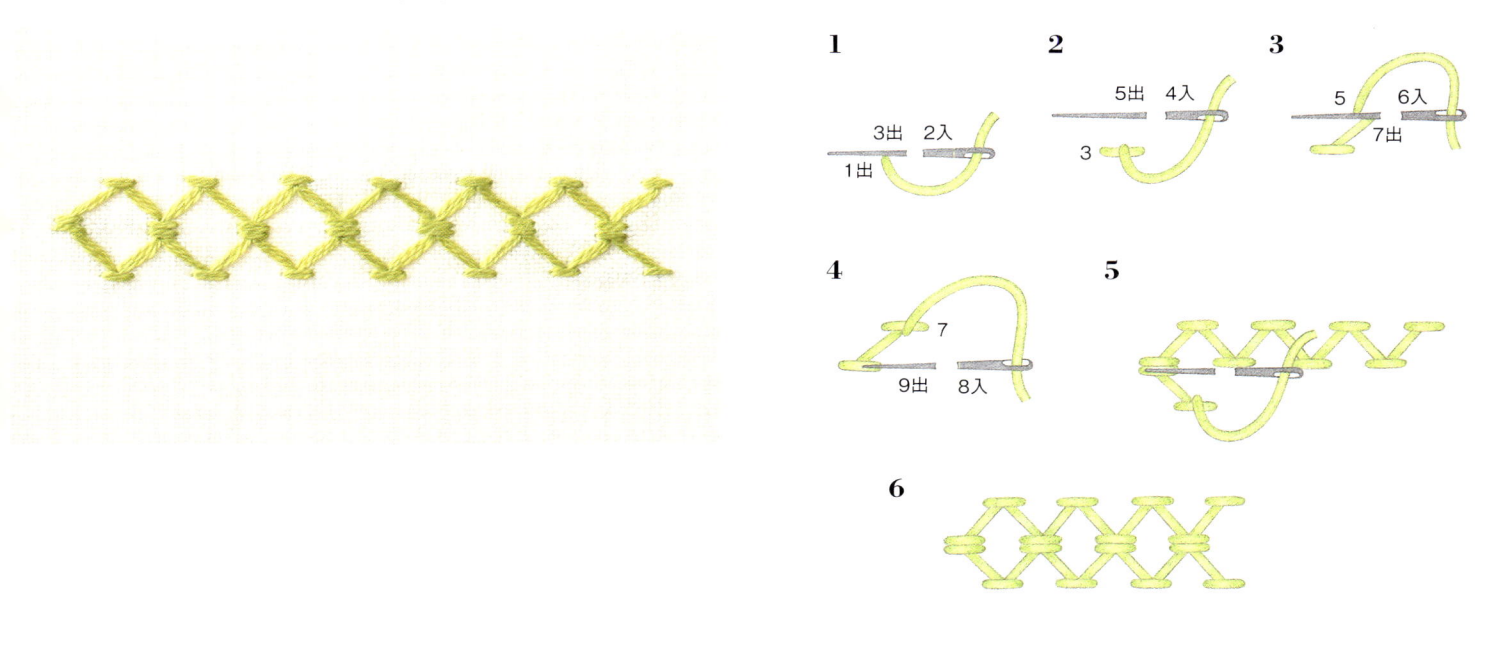

左から右に刺していきます。幅のあるステッチで幅の上下を、半返しのバック・ステッチ(15ページ参照)でつないでいきます。

シャドー・ステッチ

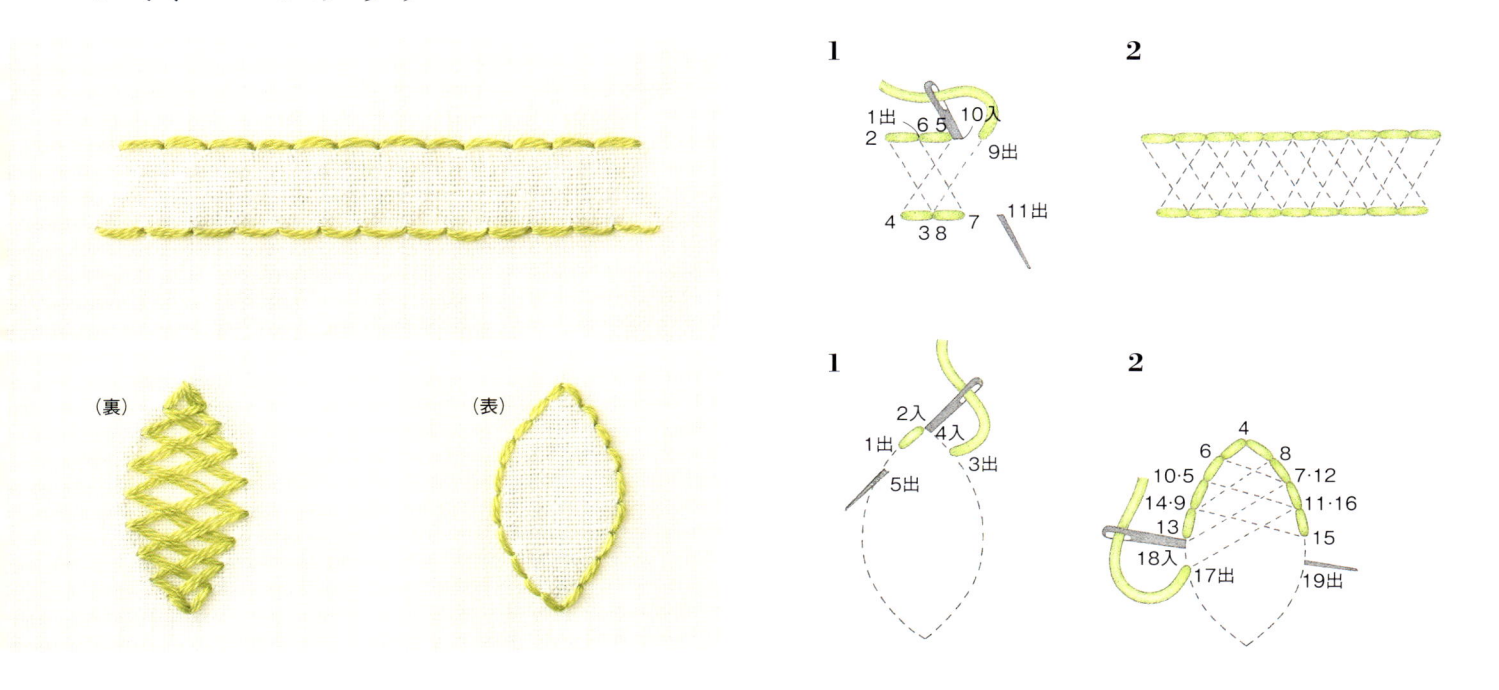

布の裏側がクローズドヘリンボーン・ステッチ(54ページ参照)になるように刺します。透ける布が適しており、透けた柄を楽しむステッチです。

057

Buttonhole stitch

ボタンホール・ステッチの仲間

058

洋裁にも多く使われているステッチで、縁飾りや輪郭線を作るとき、
しっかりした渡り糸を作りたいときなどに使われます。

S＝ステッチ
ステッチの後の数字は色番号
※糸は花糸（OOE）　指定以外は2本どり

ボタンホール・S（809）
クローズドボタンホール・S（823）
ボタンホールリング・S（806）
アウトライン・S（806）
ボタンホールリング・S（913）
フレンチノット・S（913）
ボタンホールリング・S（817）
ボタンホールリング・S（806）
アウトライン・S（911）
ボタンホール・S（821）

テーラードボタンホール・S（809）
ボタンホール・S（825）
ボタンホールフィリング・S（911）
アウトライン・S（823）
アウトライン・S（821）
クローズドボタンホール・S（913）

ボタンホール・S（823）
ハニコム・S（825）
アウトライン・S（911）
ボタンホール・S（809）
アウトライン・S（817）
クローズドボタンホール・S（821）

ダブルボタンホール・S（823）
ボタンホールリング・S（806）
フレンチノット・S（809）
ボタンホールリング・S（806）
ボタンホールリング・S（913）
アウトライン・S（806）
ボタンホールリング・S（809）
クローズドボタンホール・S（817）
ボタンホール・S（821）

アウトライン・S（821）
ボタンホールフィリング・S（823）
クロスドボタンホール・S（809）
フレンチノット・S（806）
ボタンホールリング・S（913）
アウトライン・S（913）
ボタンホールリング・S（806）
ボタンホールリング・S（817）
ボタンホールリング・S（806）

クロスドボタンホール・S（913）
アウトライン・S（911）
ボタンホール・S（911）
ボタンホール・S（809）
ダブルボタンホール・S（825）
ボタンホール・S（823）

059

Buttonhole stitch

ブランケット・ステッチ

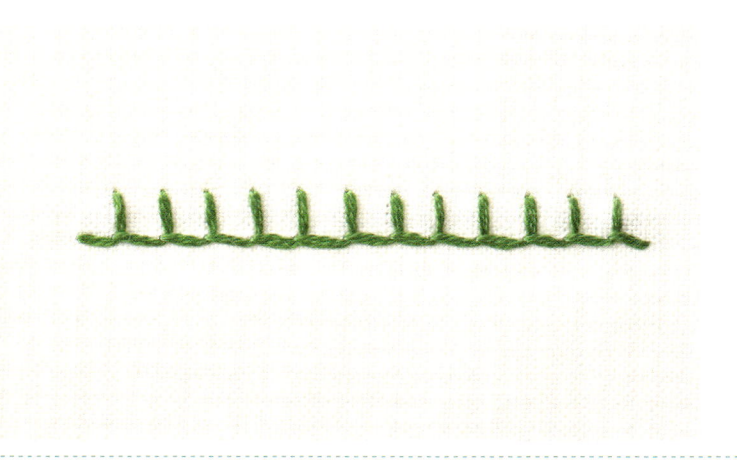

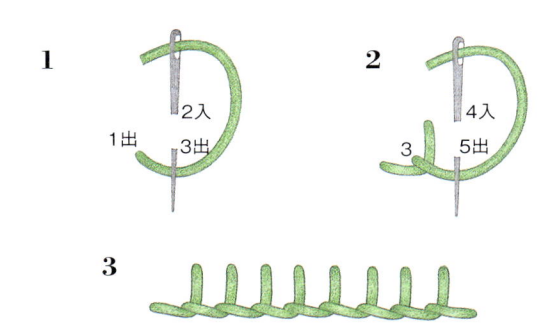

1 1出 2入 3出
2 3 4入 5出
3

同じ針幅、同じ引き加減で刺していくときれいに刺せます。針を出したら、布を垂直に一針すくい、針先に糸をかけて横に引き出します。

ボタンホール・ステッチ

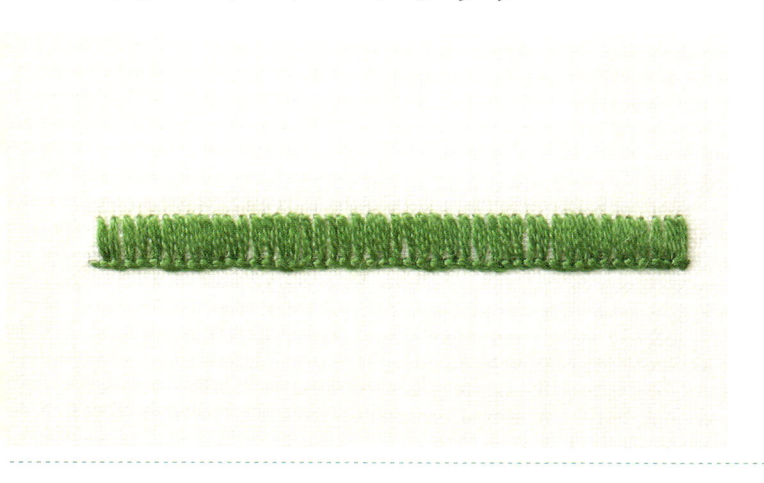

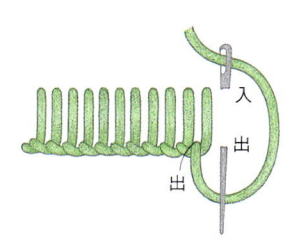

入 出 出

ブランケット・ステッチと同じ要領ですが、ステッチの間隔の狭いものを一般にこう呼んでいます。

ダブルボタンホール・ステッチ

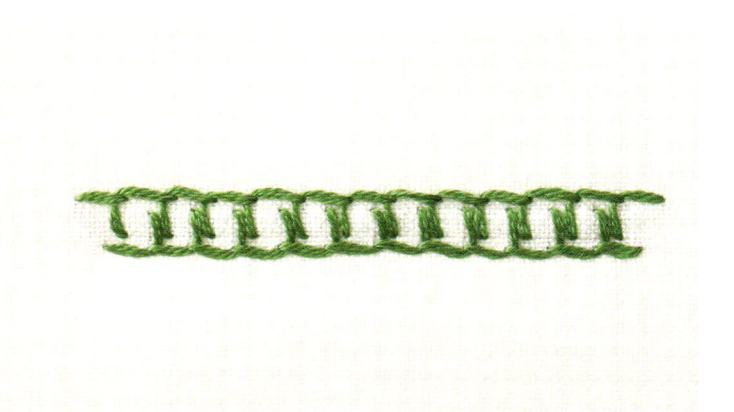

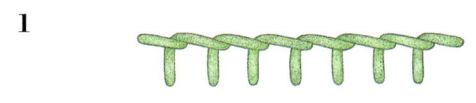

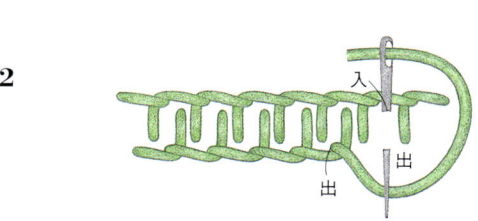

1
2 入 出 出

まず布の向きを変えてブランケット・ステッチを刺し、さらに布の向きを変え、最初に刺したブランケット・ステッチに、向かい合わせるようにブランケット・ステッチを刺していきます。

ハニコム・ステッチ

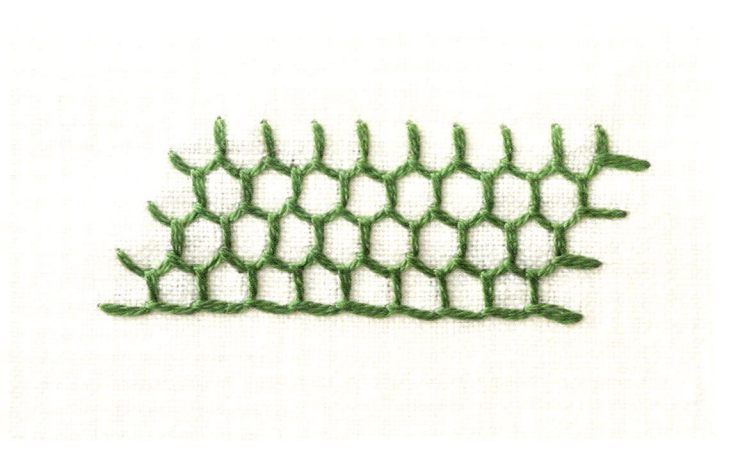

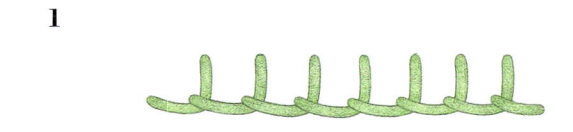

1

2

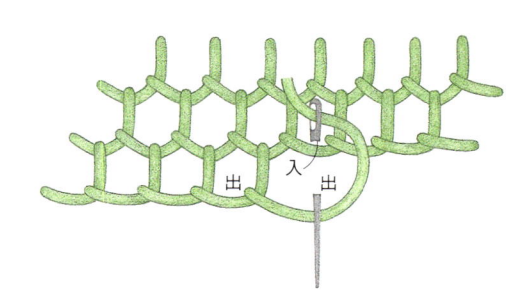

何段にも蜂の巣のようにブランケット・ステッチを重ねて刺します。1段目を刺し、2段目は1段目のステッチの渡り糸をすくって、少しだけ引き下げるように刺します。

クロスドボタンホール・ステッチ

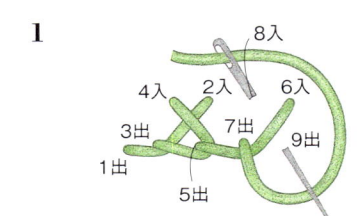

1

2

ボタンホール・ステッチの足をクロスさせて刺します。

Buttonhole stitch

クローズドボタンホール・ステッチ

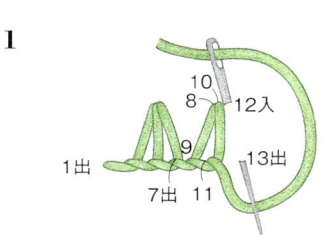

ボタンホール・ステッチの足を同じ針穴に3回入れて刺します。縁飾りになどに適しています。足は2回刺したり、長くして4回刺したりもします。

ボタンホールフィリング・ステッチ

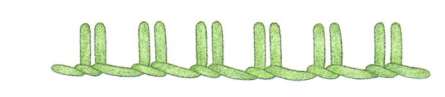

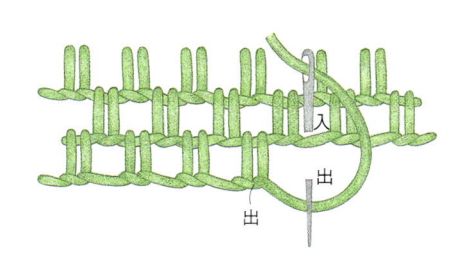

二つずつ並べてボタンホール・ステッチを刺し、2段目以降は、間の渡り糸をすくい、二つ並んだボタンホール・ステッチを刺します。並べるボタンホール・ステッチを三つ、四つと変えると、雰囲気が変わります。

ボタンホールリング・ステッチ

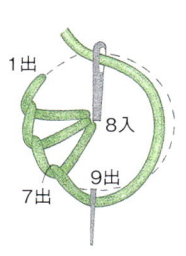

1

2

ボタンホール・ステッチ(60ページ参照)を中心から放射状に刺します。花などを刺すのに使われます。

テーラードボタンホール・ステッチ

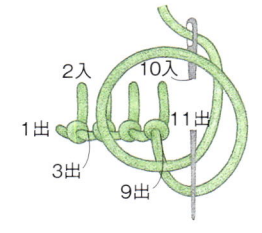

1

2

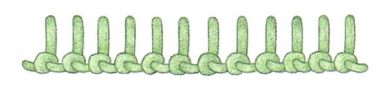

ステッチの頭に玉ができるように、図のように、普通のボタンホール・ステッチとは違った糸のかけ方をし、玉の大きさや位置をそろえます。布を裁ち落として仕上げる刺しゅう(カットワークやドロンワークなど)によく使われます。

063

Basket filling stitch

バスケット・フィリング・ステッチの仲間

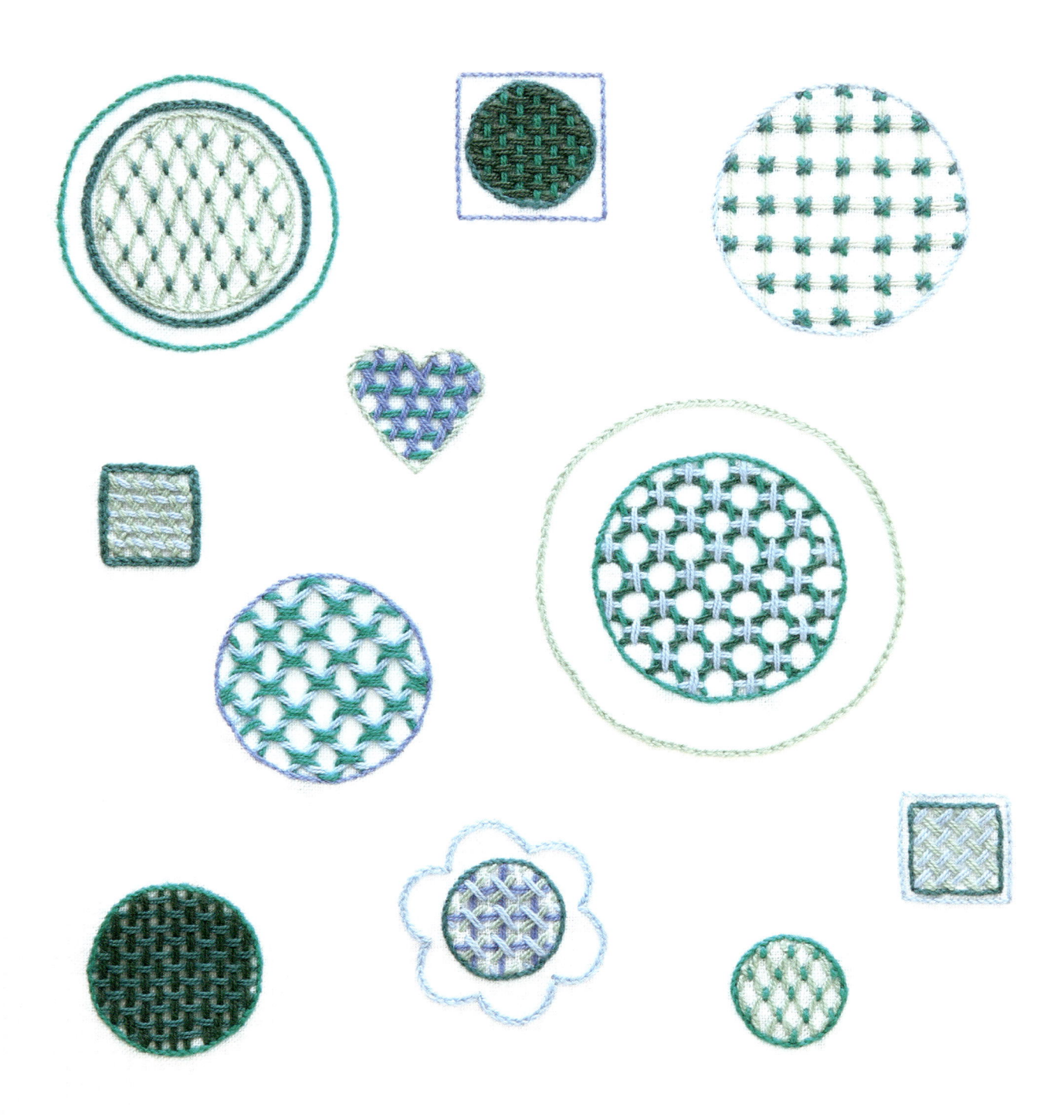

064

「フィリング」とはうめることの意。図案の中をうめるのに使われるステッチで、糸の色やうめ方を変えることで、さまざまな表情を作ることができます。

S＝ステッチ
ステッチの後の数字は色番号　①は1本どり
※糸は花糸（OOE）　指定以外は2本どり

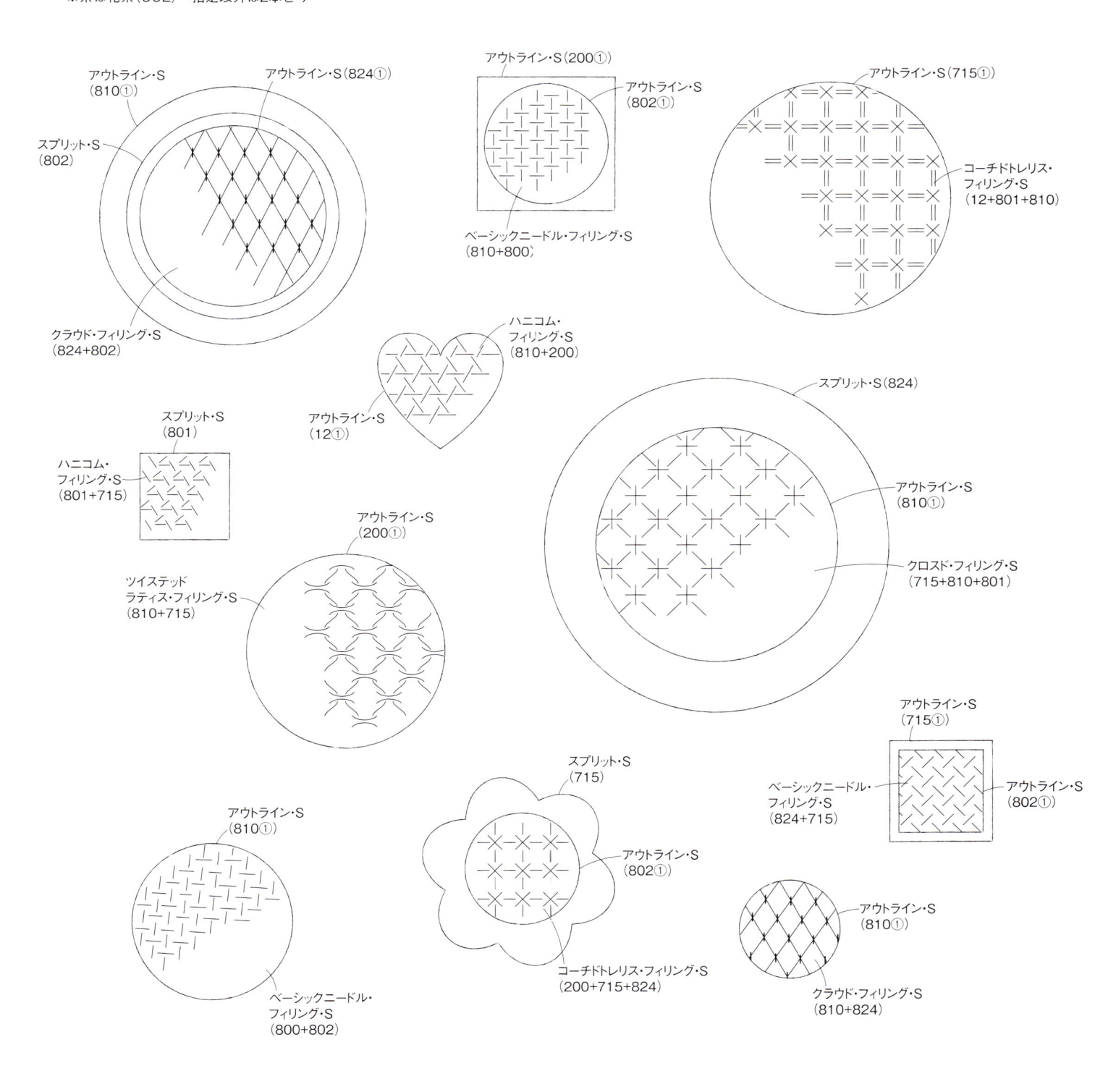

アウトライン・S（810①）
アウトライン・S（824①）
スプリット・S（802）
クラウド・フィリング・S（824+802）

アウトライン・S（200①）
アウトライン・S（802①）
ベーシックニードル・フィリング・S（810+800）

アウトライン・S（715①）
コーチドトレリス・フィリング・S（12+801+810）

スプリット・S（801）
ハニコム・フィリング・S（801+715）

ハニコム・フィリング・S（810+200）
アウトライン・S（12①）

スプリット・S（824）
アウトライン・S（810①）
クロスド・フィリング・S（715+810+801）

アウトライン・S（200①）
ツイステッドラティス・フィリング・S（810+715）

スプリット・S（715）
アウトライン・S（802①）
コーチドトレリス・フィリング・S（200+715+824）

アウトライン・S（715①）
ベーシックニードル・フィリング・S（824+715）
アウトライン・S（802①）

アウトライン・S（810①）
ベーシックニードル・フィリング・S（800+802）

アウトライン・S（810①）
クラウド・フィリング・S（810+824）

Basket filling stitch

ベーシックニードル・フィリング・ステッチ

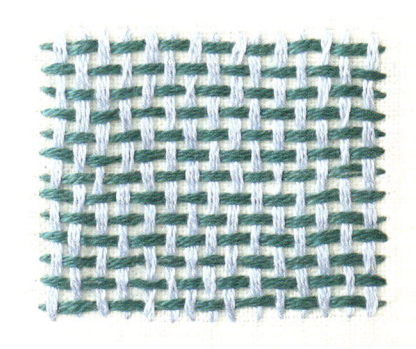

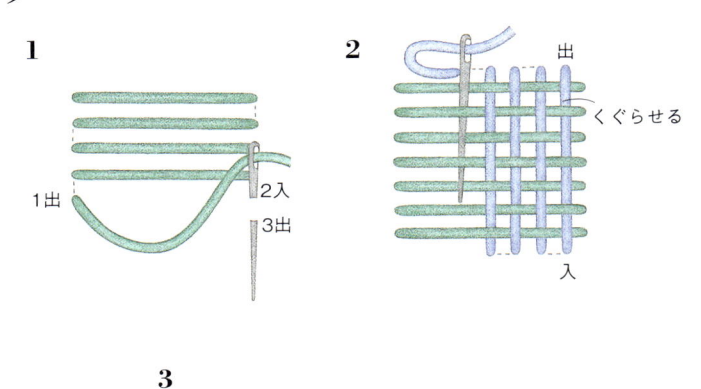

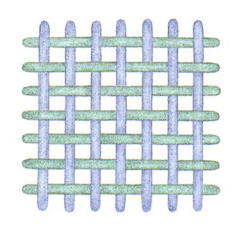

同じ間隔で横に数本のステッチを刺し、渡した横糸に上、下と交互に織るように縦に糸を通します。次の列は下、上と前の列と変えて織るように通します。

ハニコム・フィリング・ステッチ

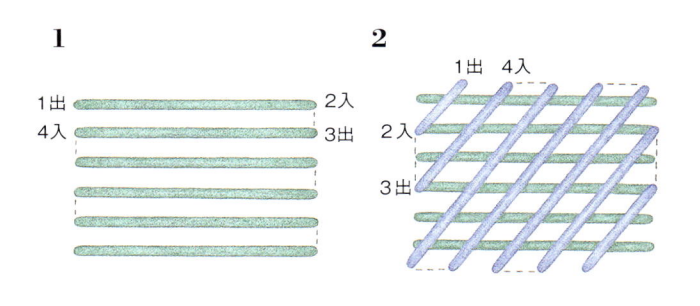

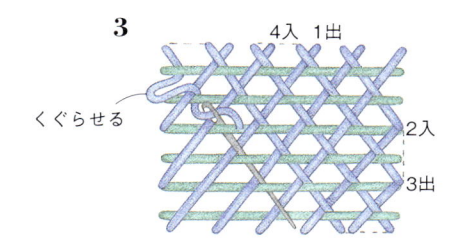

同じ間隔で横に数本のステッチを刺し、右上から左下に斜めに平行にステッチを刺します。次にできた交点を左上から右下に上、下と交互にすくって糸を渡します。

コーチドトレリス・フィリング・ステッチ

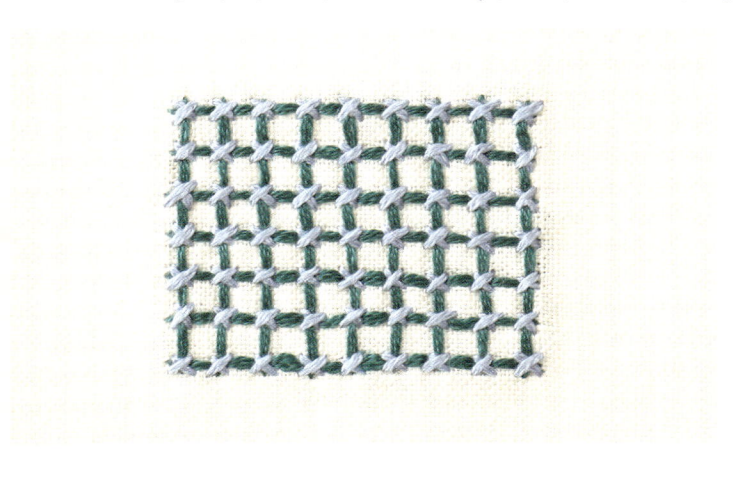

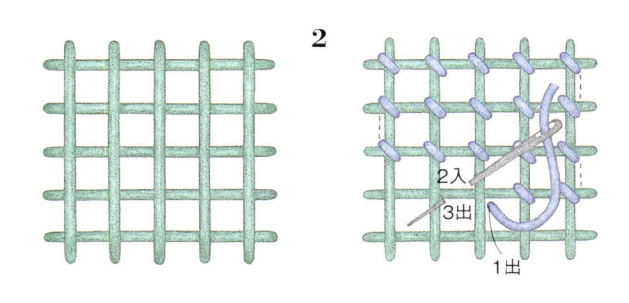

まず横、縦と平行にステッチを刺し、交点を右下から左上に斜めに刺しとめます。次に左下から右上に交点をクロスするように刺しとめます。

ツイステッドラティス・フィリング・ステッチ

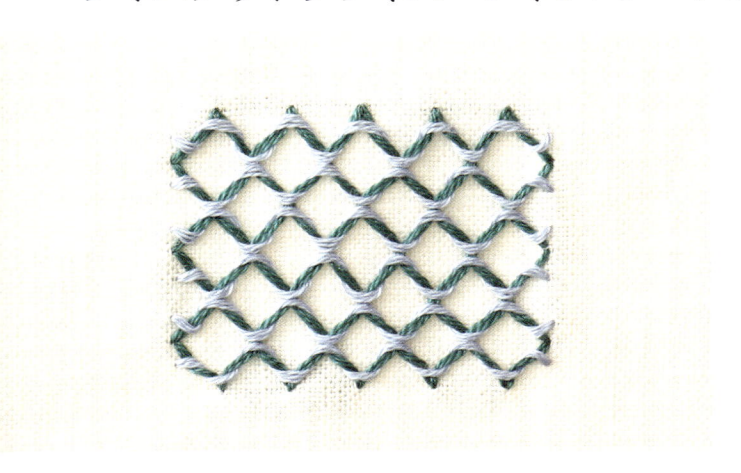

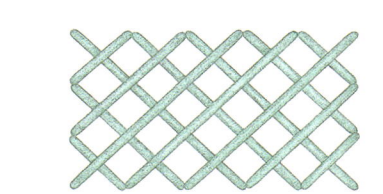

まず土台になる斜めの格子のステッチを刺します。刺し始めに糸を出し、格子の交点に上、下と飾り糸をくぐらせていきます。

067

Basket filling stitch

クロスド・フィリング・ステッチ

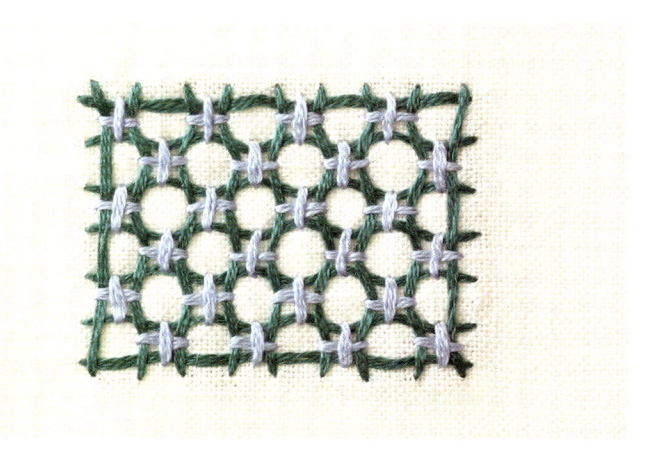

1

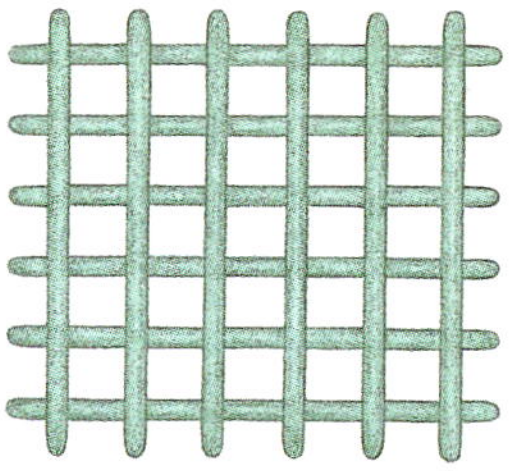

2

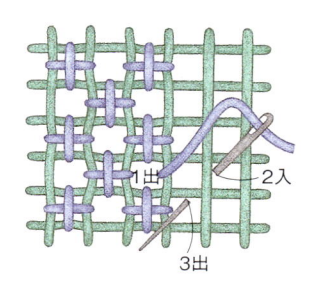

横、縦と平行にステッチを刺します。できた格子に横、縦とクロスを一つおきに刺していきます。

クラウド・フィリング・ステッチ

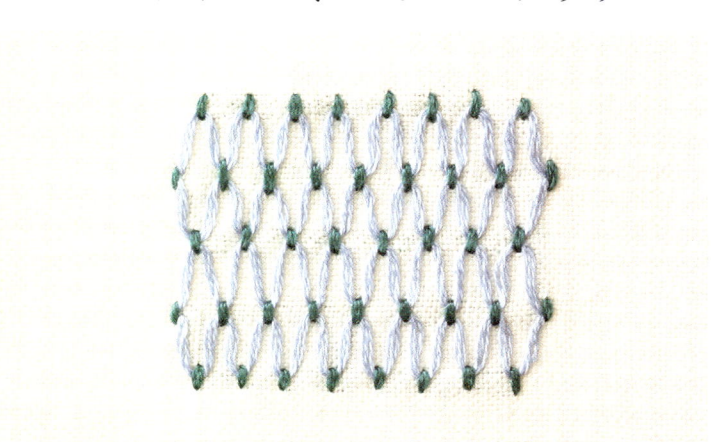

1

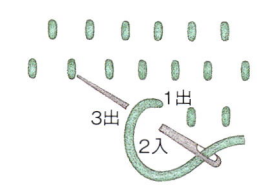

2

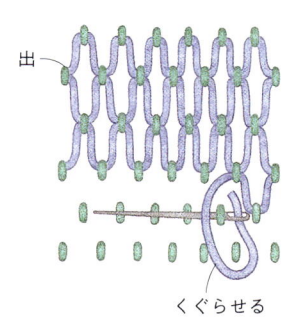

縦に小さなステッチを等間隔に刺し、2列目以降は前の列の間になるようにします。別糸を裏より出し、刺した縦のステッチ2列の間を交互に通します。

布目を数えて刺す刺しゅう

Count Stitching

区限刺しゅう、キャンバス刺しゅう、カウント・ステッチなどと呼ばれます。布地の織り糸を数えながら、条件に合わせて規則的な模様を刺していく刺しゅうです。布地の一部に刺す場合と、布地を全て刺しうめる場合があり、さらに各地に受け継がれてきたさまざまな技法がプラスされます。布のマス目を生かすため、硬い感じ、むずかしい印象を受けがちですが、まずはそれぞれの刺しゅうの特徴を知ってください。慣れてくると、デザインも広がり、その美しさ、おもしろさのとりこになります。

- クロス・ステッチ
- ダーニングワーク
- ブラックワーク
- アッシジ刺しゅう
- ドロンワーク
- ハーダンガー刺しゅう
- アジュール刺しゅう

※布は縦、横の織り糸が数えられる平織りの布を用意します(130ページ参照)。
　各サンプラーの刺し方の項に、使用した布を記載しましたので参考にしてください。布の織り糸の太さで図案の大きさが多少変わってきます。

Cross stitch

クロス・ステッチ

クロス・ステッチの名前が示す通り、布目を数えながら表面に糸をクロスさせ、
×印で図案をうめていく刺しゅうです。比較的簡単で、初心者にも向いています。

記載以外は全てクロス・ステッチ
※糸は花糸（OOE）　全て1本どり　数字は色番号
※1マスは織り糸2×2本

スター・S

Cross stitch

クロス・ステッチの刺し方

● クロス・ステッチは、縦横の同じ本数の織り糸をすくって×を刺し、図案を表現しています。一つずつクロスを仕上げて進む刺し方と、×の片側だけを刺していき、戻るときに反対側を刺して×を完成させる方法があります。小さな飛んだ模様は一つずつ仕上げ、広い範囲を刺すときは往復の刺し方にするとよいでしょう。

● 針は先の丸いクロス・ステッチ用の針を使います。

● クロスに刺すとき／、＼どちらが上にならなければいけないという決まりはありませんが、一つの作品の中での方向は一定であることが大切です。図案が飛んでいる場合は、渡した糸が表に透けないよう、次の場所には糸を渡さず、そのつど糸を切って次の図案に進みます。

71ページのサンプラー
使用した布　　1cm四方　11×11本の平織り布（カシェル）
使用した糸　　花糸（OOE）　1本どり

一つずつ仕上げていく方法

縦に進む

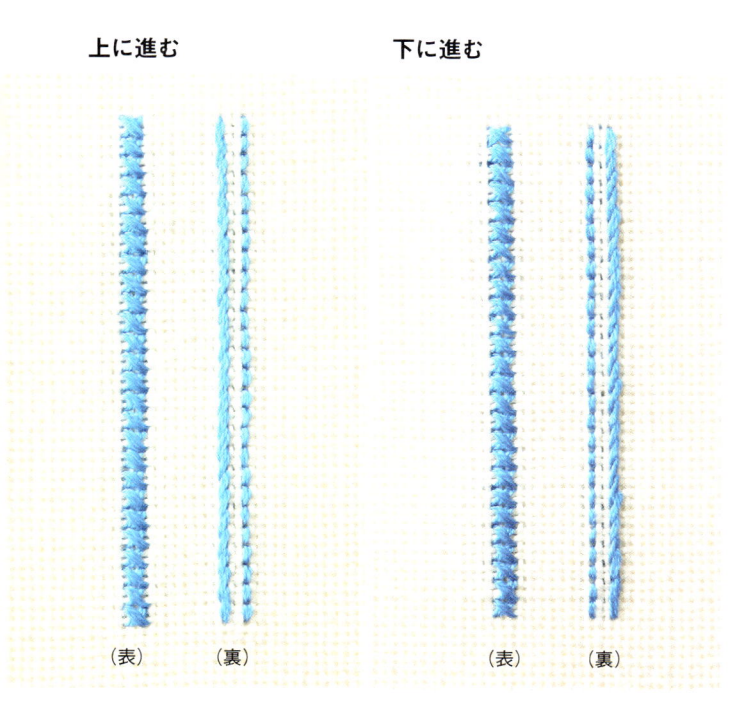

上に進む　　**下に進む**

（表）（裏）　（表）（裏）

上に進む

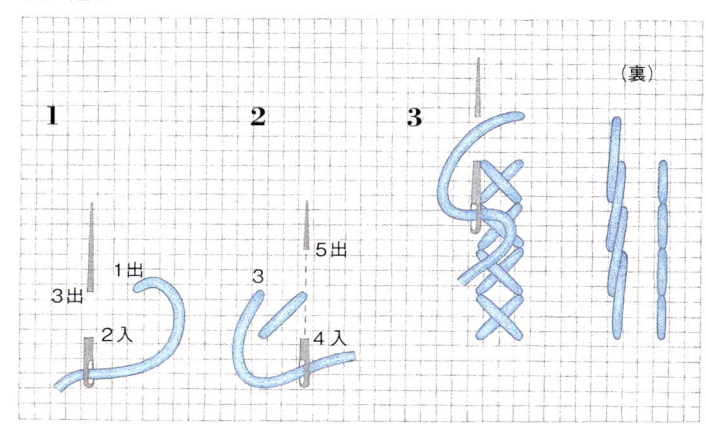

1　2　3　（裏）

3出　1出
　　2入

3
5出
4入

下に進む

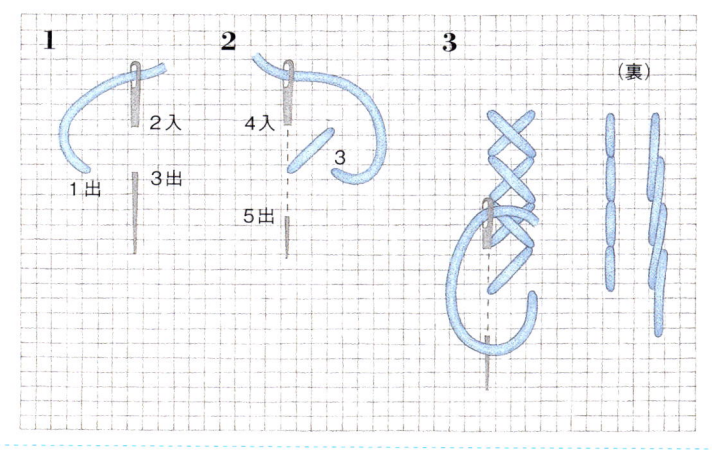

1　2　3　（裏）

1出　3出
2入　4入
　　　3
　　　5出

横に進む

左下から右上に、左上から右下にと刺し、左に刺し進む。裏側の針目は水平になる。

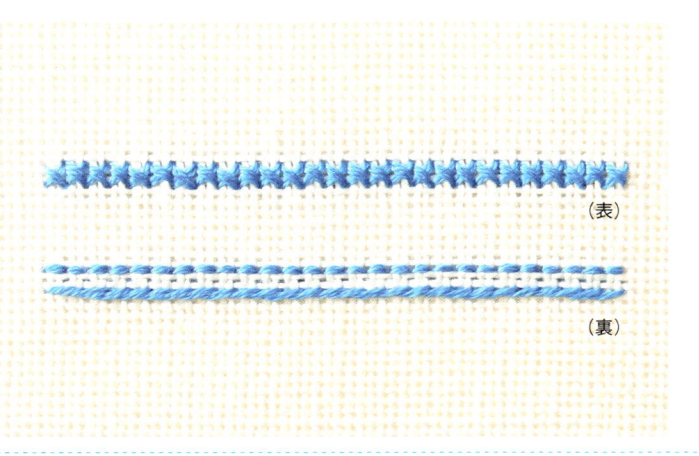

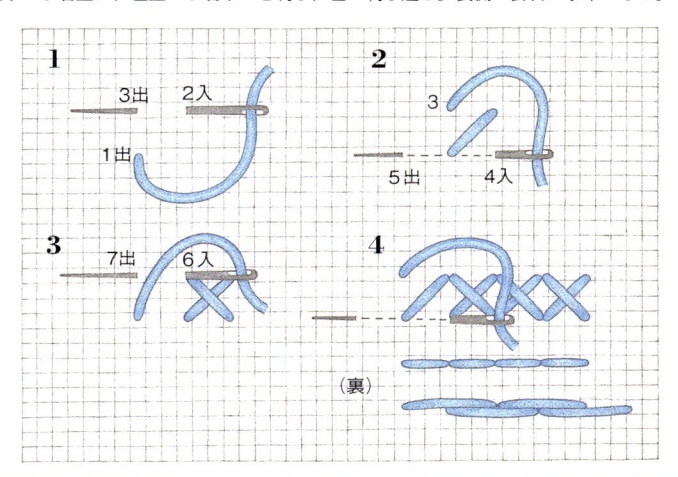

斜めに進む

左下に進む

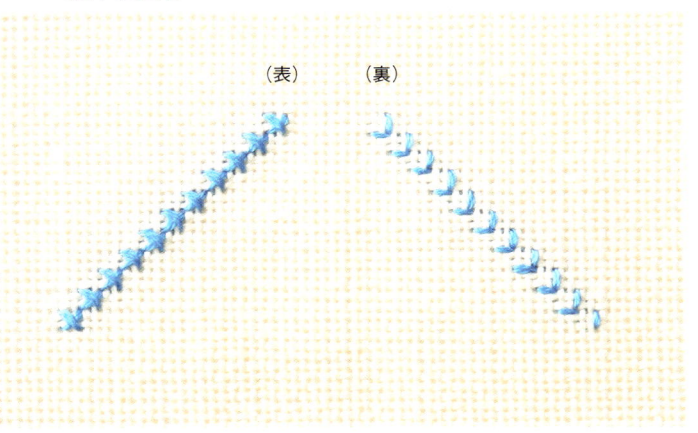

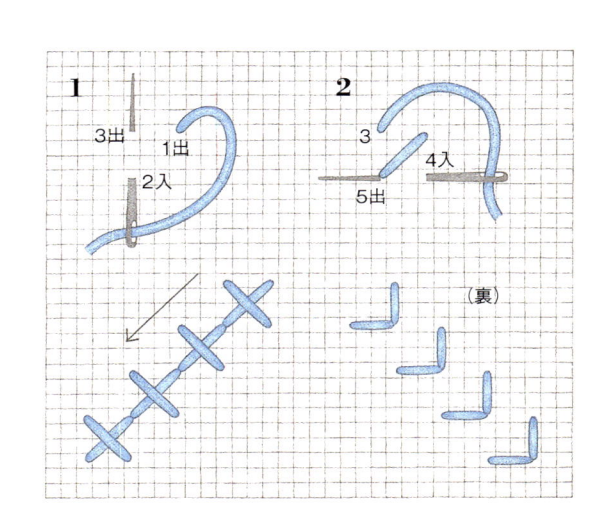

右上に進む

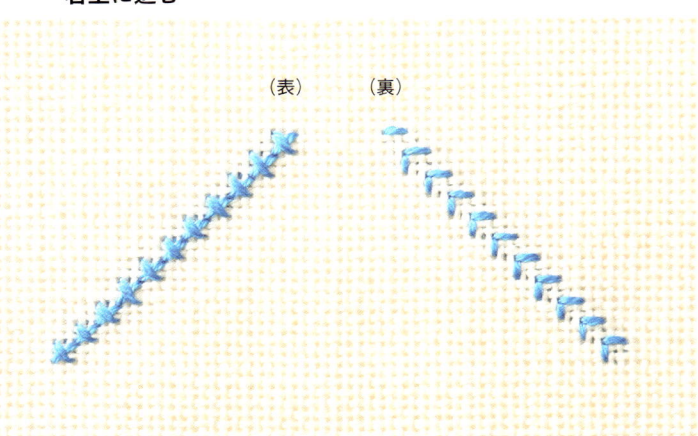

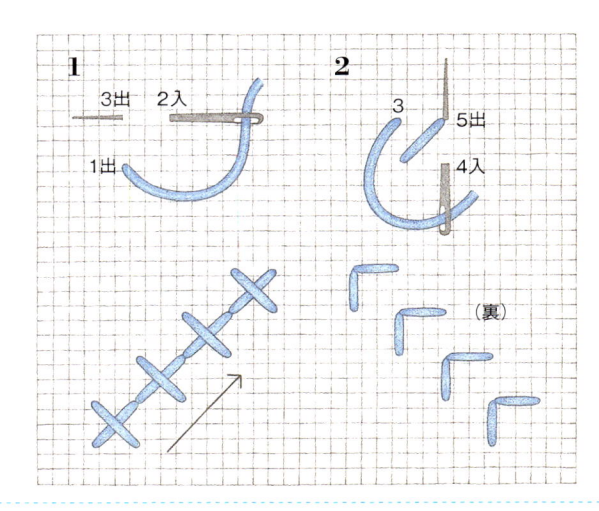

Cross stitch

片側を刺し戻りながらクロス(×)を仕上げていく方法

縦に進む

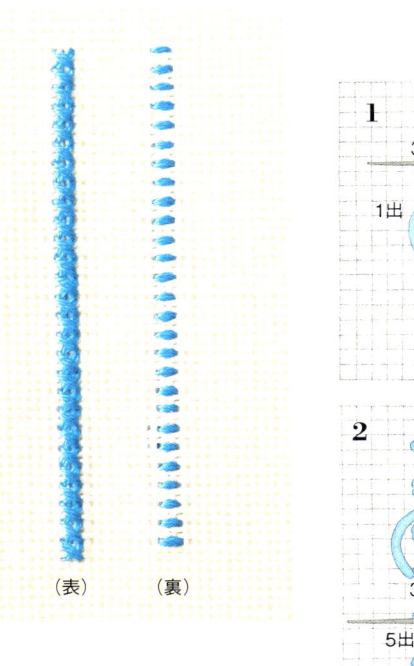

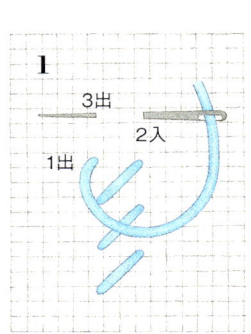

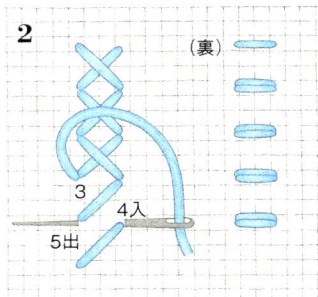

(表) (裏)

1 3出 2入 1出

2 (裏) 3 4入 5出

横に進む

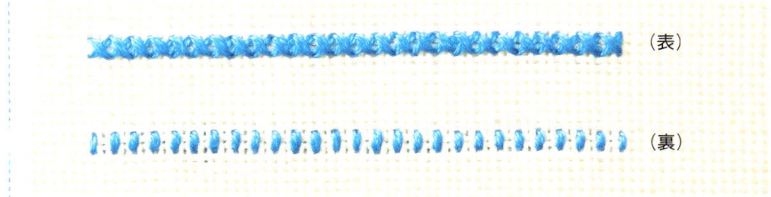

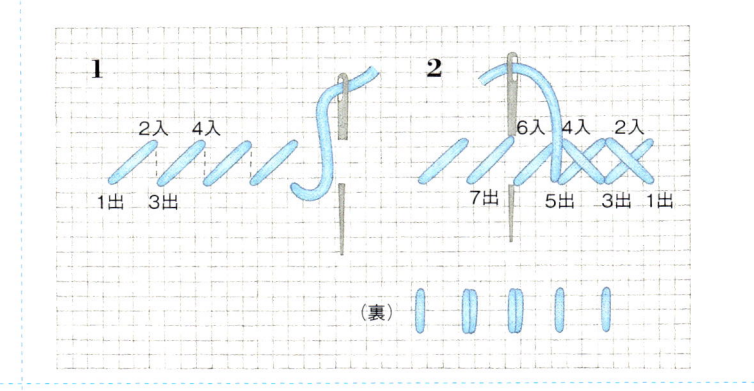

(表)
(裏)

1 2入 4入 1出 3出

2 6入 4入 2入 7出 5出 3出 1出
(裏)

上の段に進む

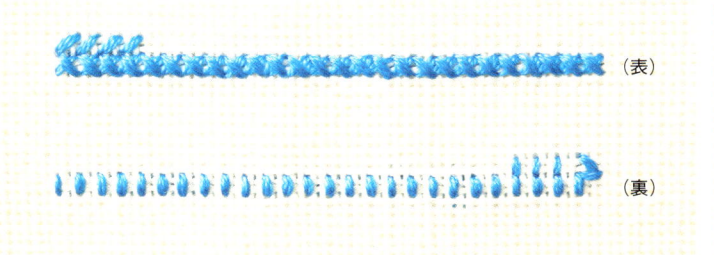

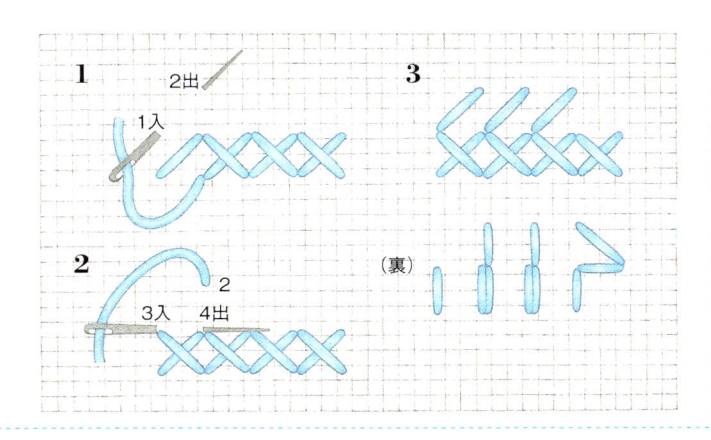

(表)
(裏)

1 2出 1入

2 2 3入 4出

3 (裏)

下の段に進む

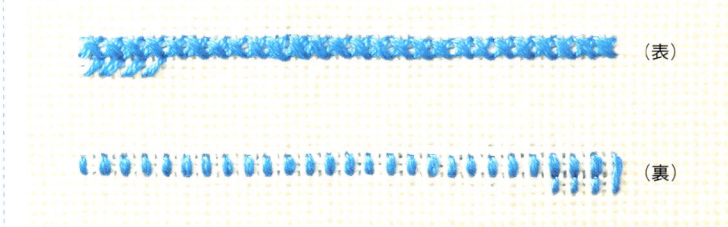

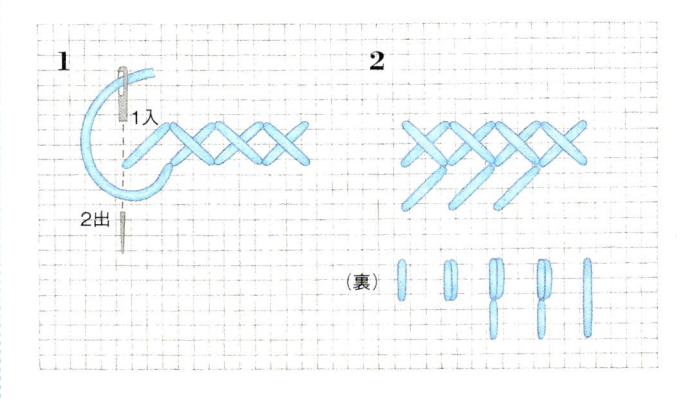

(表)
(裏)

1 1入 2出

2 (裏)

クロス・ステッチの仲間

ハーフクロス・ステッチ

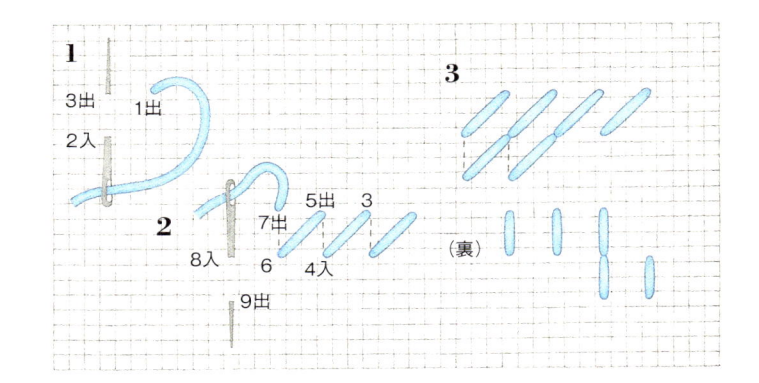

クォータークロス・ステッチ
クロスの¼だけを刺す。

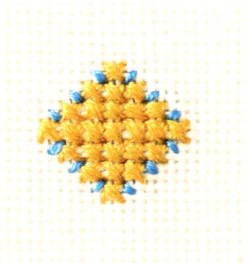

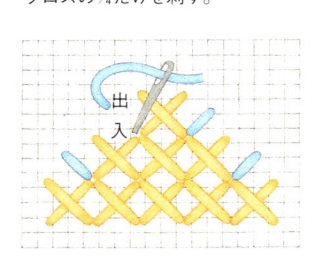

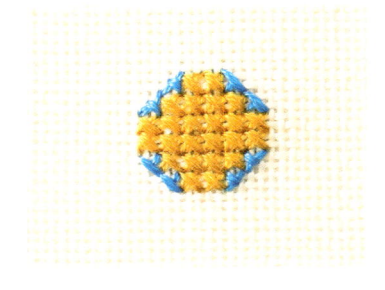

スリークォーター・ステッチ
クロスの¾をうめるときに刺す。

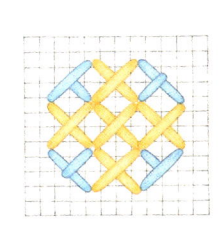

ダブルクロス・ステッチ
(表)
(裏)

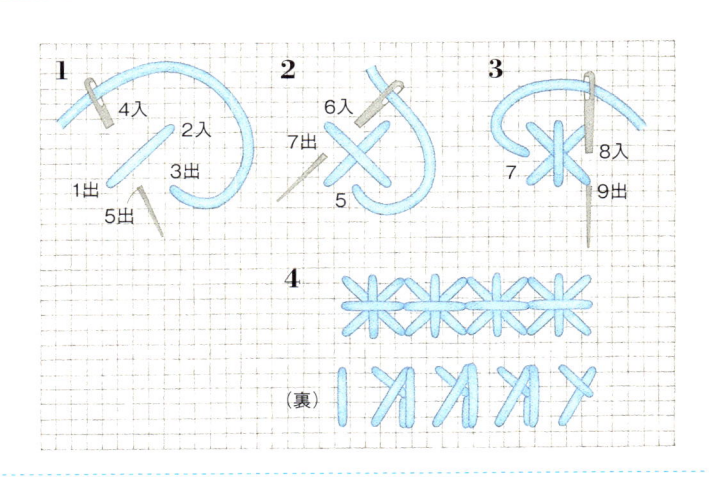

スター・ステッチ
中心から外へ放射状に刺していく。

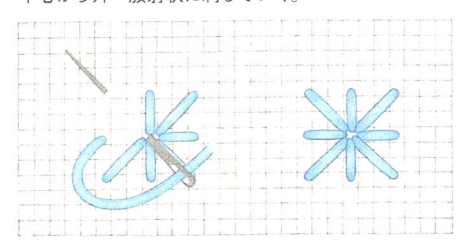

Darningwork　ダーニングワーク

「自由に刺す刺しゅう」でも使われるダーニング・ステッチは「布目を数えて刺す刺しゅう」でも使われます。ダーニングワークは、図案をダーニング・ステッチで刺しうめる刺しゅうで、布目の織りにそって刺し、模様を作るため「織り刺し」とも呼ばれます。幾何学的なデザインが魅力です。

全てダーニング・ステッチ
※糸は花糸（OOE）　全て2本どり　数字は色番号
※このページの図案は配置図です。詳しい刺し方図案は78〜79、93ページ参照

Darningwork

ダーニングワークの刺し方

- 「布目を数えて刺す刺しゅう」のダーニング・ステッチは布の織り糸を図案に従って飛ばしたり、拾ったりして布目の織りにそって横に進んでいきます。
- 糸は、一針ごと引きすぎないようにゆったりめに引き、きれいに渡るようにします。引きすぎると布がつれたり、せっかく刺した糸が布の織り目にうもれてしまい、きれいに刺し上がりません。
- 長いライン（30cmぐらいまで）を刺すときは、刺す長さより20cmぐらい長い糸を用意してなるべく糸つぎをしないように刺します。同じ糸で段を変わるときは、0.2〜0.3cmたるませて段を移り、折り返します。図案を見ながらそのまま戻りますが、刺しにくい場合は布を持ちかえて右から左方向に刺し進むようにします。刺し間違えないよう図案を確認しながら刺しましょう。
- 刺し始めは、糸玉は作らずに糸端を4〜5cm残します。刺し始め、刺し終わりの糸は裏側で、渡った糸に3〜4目くぐらせて始末します。途中で糸がなくなった場合も糸玉は作らずに同様にします。

サンプラーのパーツの刺し方

方眼図案の目数を拾って矢印の方向に刺します。

使用した布　　1cm四方　11×11本の平織り布（カシェル）
使用した糸　　花糸（OOE）　1本どり

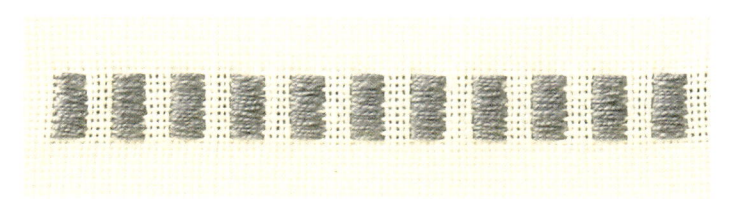

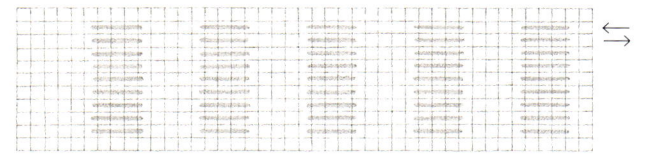

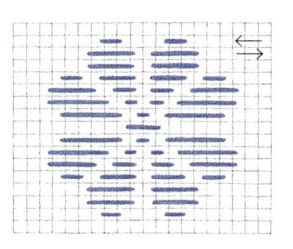

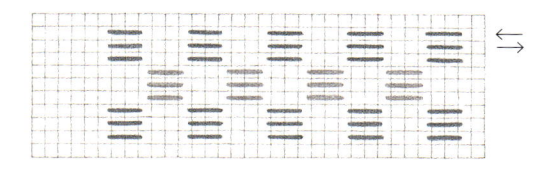

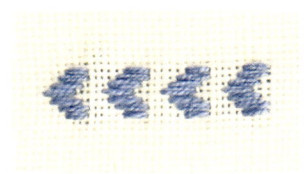

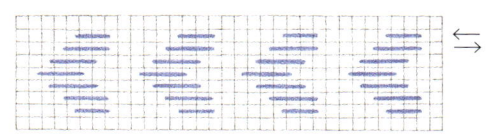

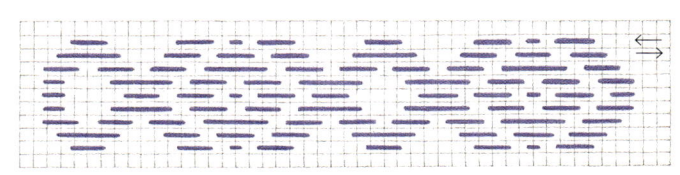

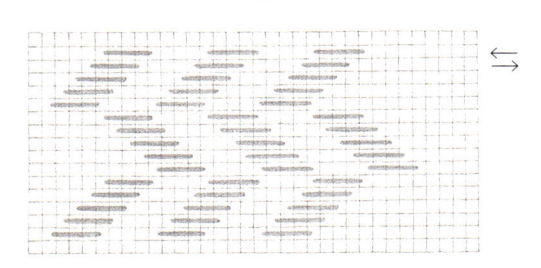

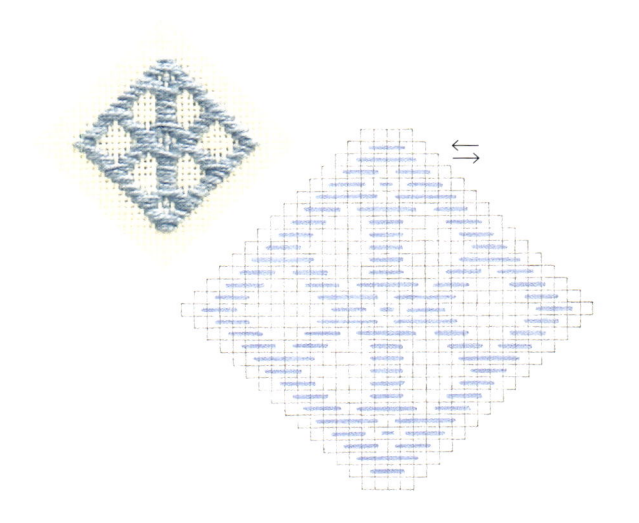

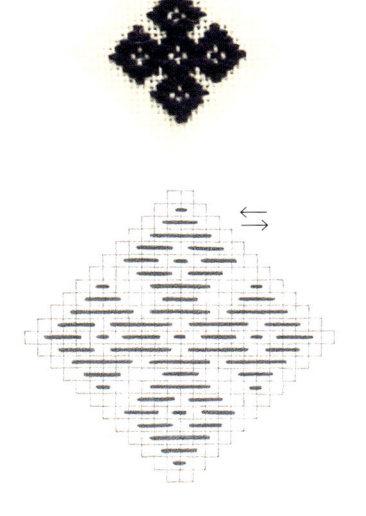

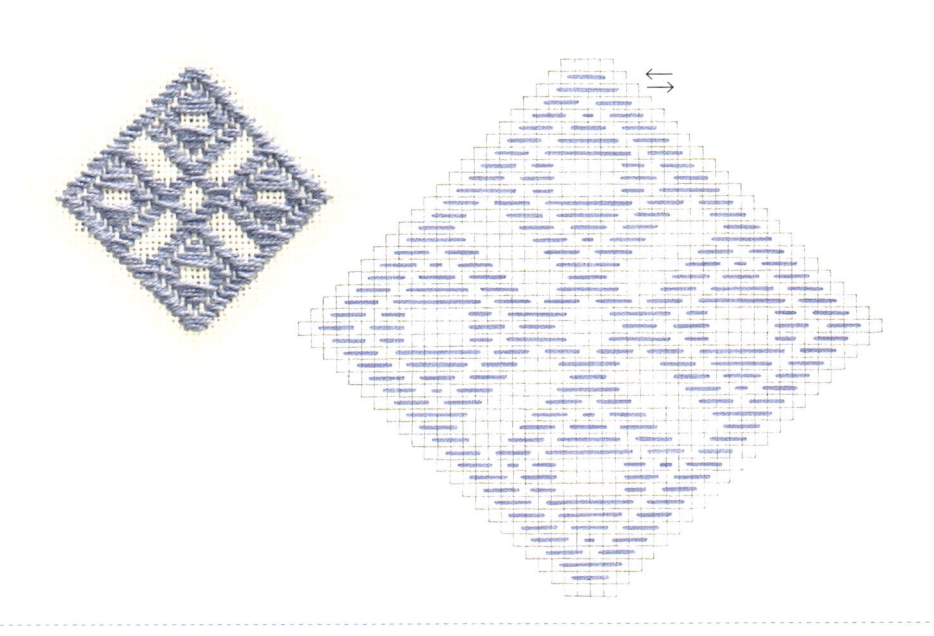

93ページに続く

ギンガムチェックにステッチを

無地に刺すことが多い刺しゅうですが、同じステッチもギンガムチェックの生地に刺すと、思いがけない表情が生まれます。
複雑に見えますが、チェックのマス目をカウントして刺すので初心者でも大丈夫。左ページはストレート・ステッチ、ホルベイン・ステッチ、
ダブルクロス・ステッチの3種でデザイン構成。右ページは織り糸を利用したストレート・ステッチを中心としたデザインです。

Blackwork

ブラックワーク

細かい繰り返しのパターンで構成される単色の刺しゅうです。白地に黒糸で刺すのが伝統的なスタイルで、かつてはアラビア半島からスペインに伝わり、スペインやイギリスの刺しゅうに発展しました。

※糸は色番号310(DMC) 全て2本どり
※1マスは織り糸2×2本

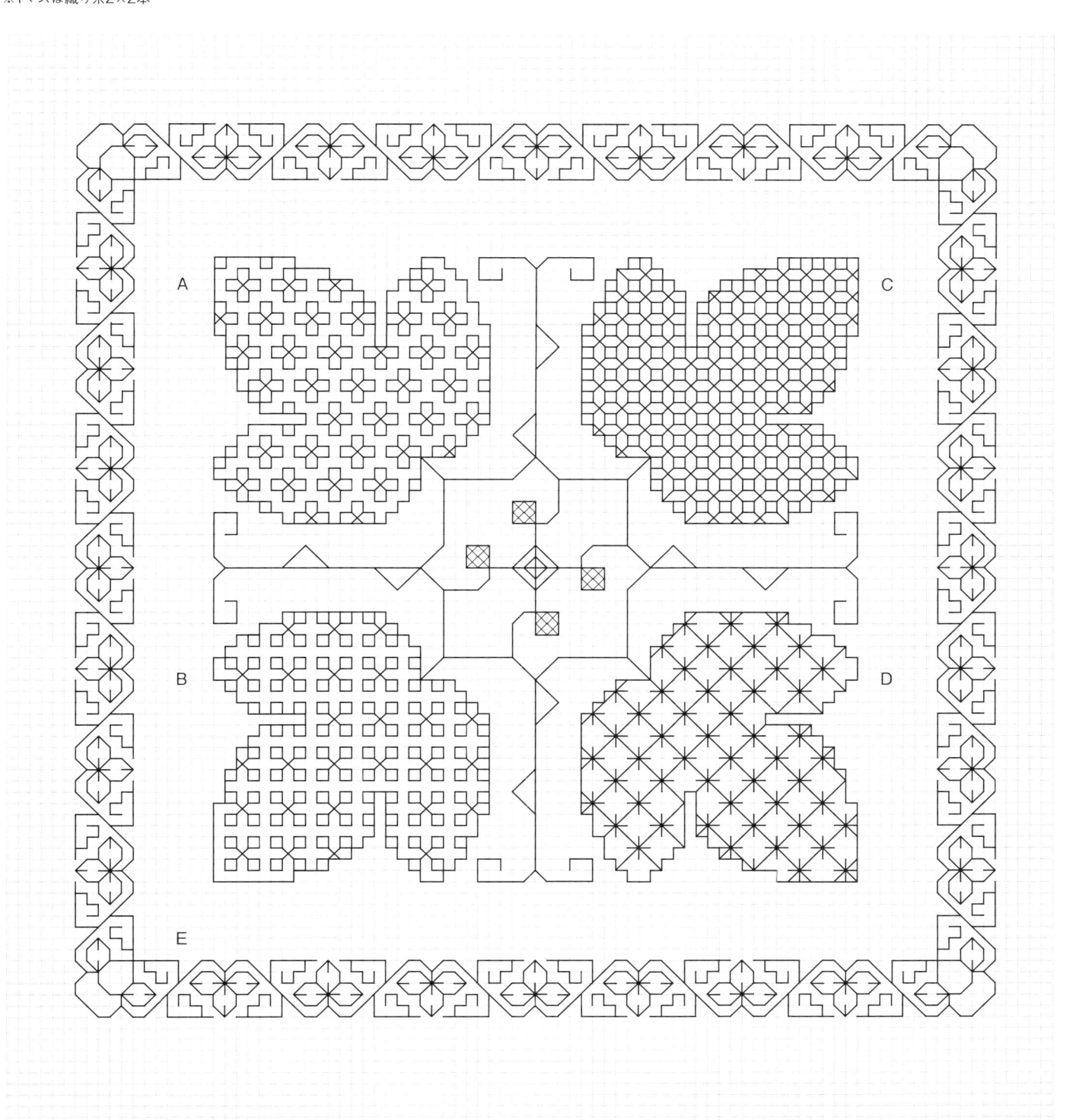

Blackwork

ブラックワークの刺し方

- ブラックワークは、ホルベイン・ステッチで縦横、上下、斜めのラインを刺しながら模様を作っていきます。繰り返しのステッチは常に同じ順序で、糸の流れを同じにして刺すときれいに仕上がります。その他、クロス・ステッチなどを使用することもあります。
- 縦、横の織り糸が数えられる布を使用し、布の織り糸の太さで図案の大きさが変わってきます。
- 刺し始め、刺し終わり、また図案内で次に移るときは、ステッチの裏側の糸にくぐらせます。白い布に濃い糸は透けやすいので糸が重なり合った部分や、刺していない部分に糸を渡すのは避けましょう。

ホルベイン・ステッチ

ホルベイン・ステッチは輪郭線や、表情を出すの適したステッチです。進み方による針の動かし方を紹介しましょう。

まっすぐに進む

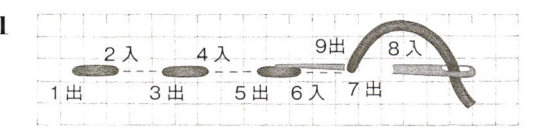

ジグザグに進む

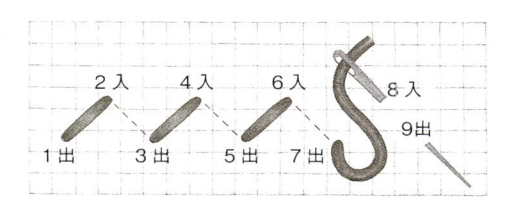

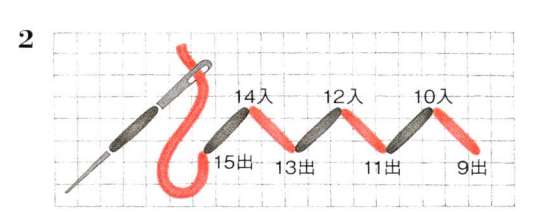

凸凹に進む

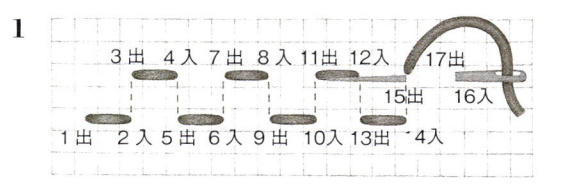

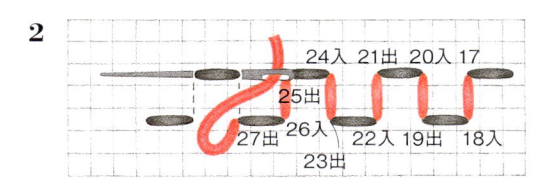

階段状に進む

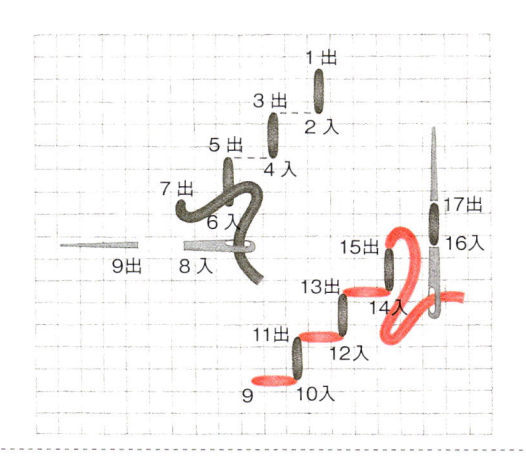

分岐のあるとき

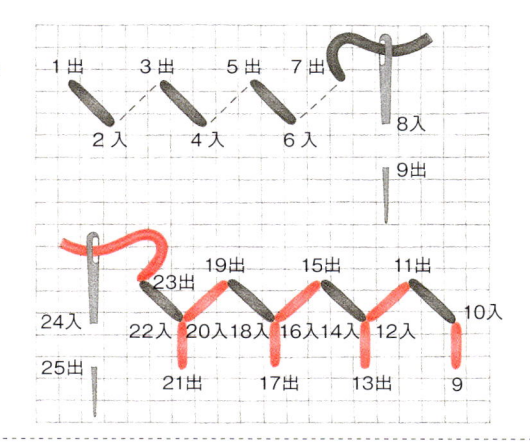

サンプラーの刺し方

使用した布　　1cm四方　11×11本の平織り布（ルガノ）
使用した糸　　25番刺しゅう糸　（DMC310）2本どり

刺し方順序
1 布の下準備をする。中心より織り糸を縦、横に2本ずつすくってガイドラインを刺しておきます（130ページ参照）。
2 図案を見ながら中心より四方に広がるように葉などのアウトラインを刺します。次に中の模様（パターン）を刺します。それぞれのパターンの刺し方は、図を参照して刺します。

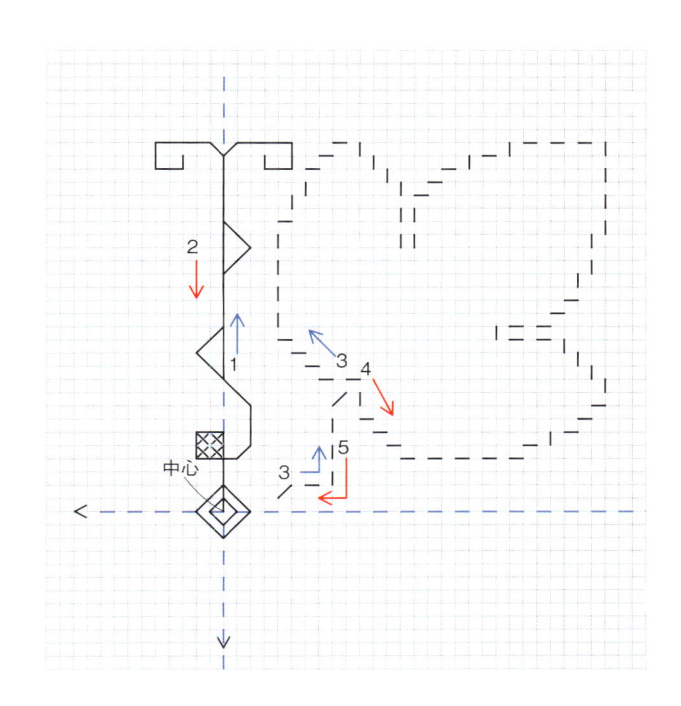

各パターンの刺し方

図の見方
＊図の矢印は刺し方の流れを示す。

○→　刺し始め
→　表に渡る糸
‑‑→　裏に渡る糸
　　　すでに刺したもの

A

1

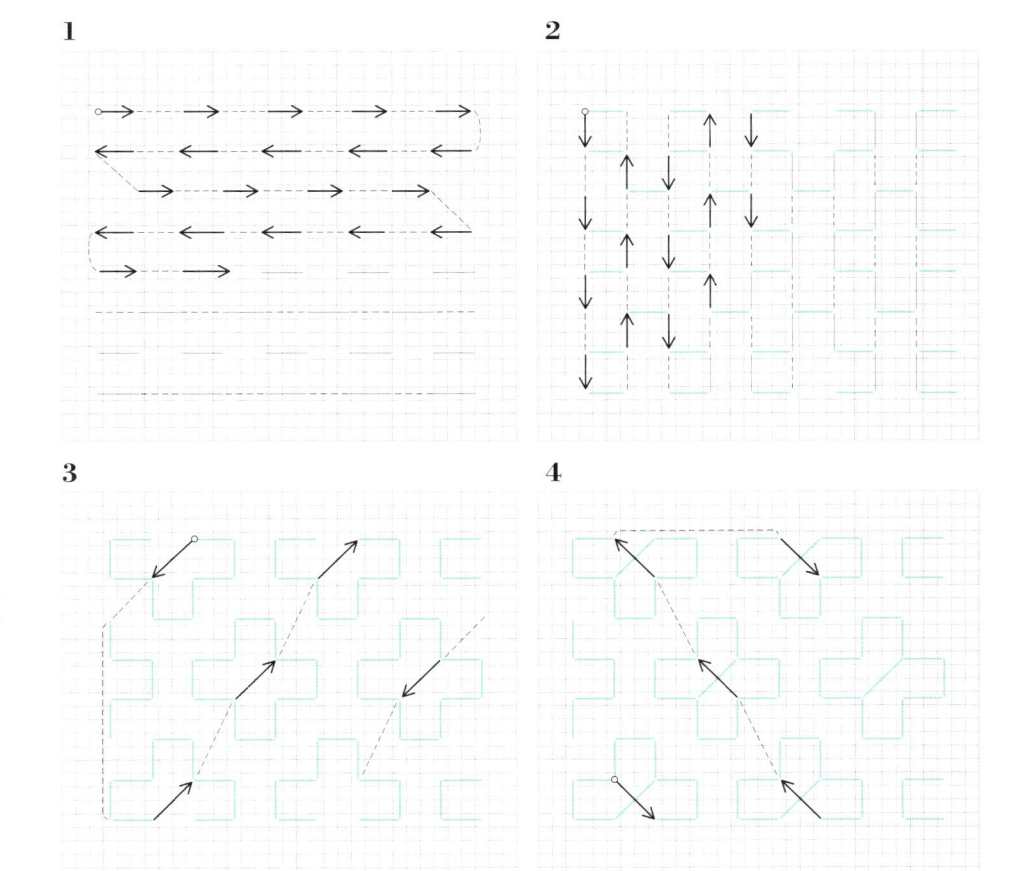

2

3

4

Blackwork

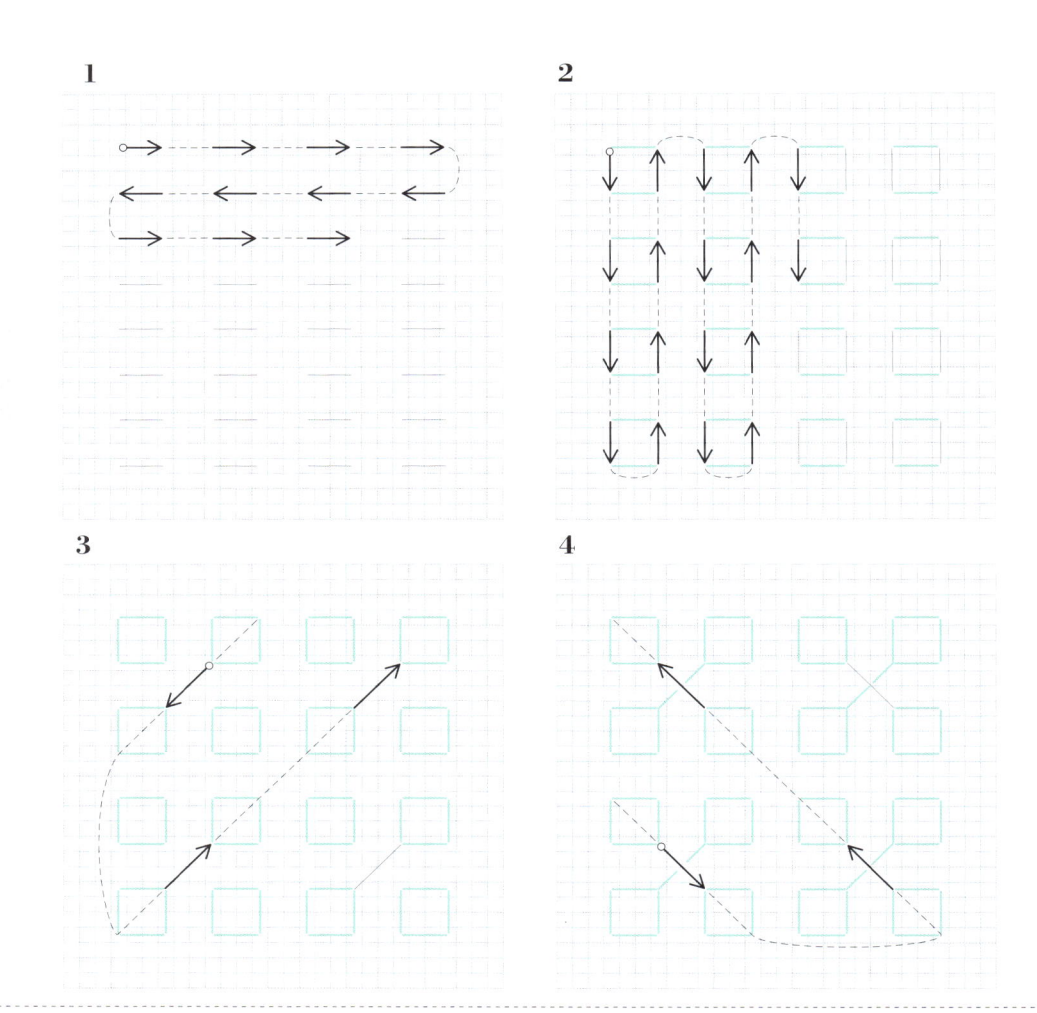

B

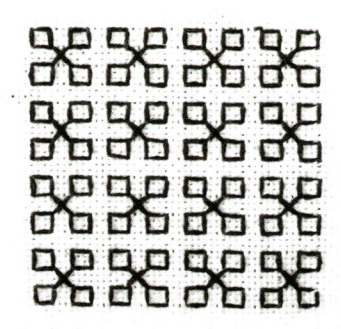

C

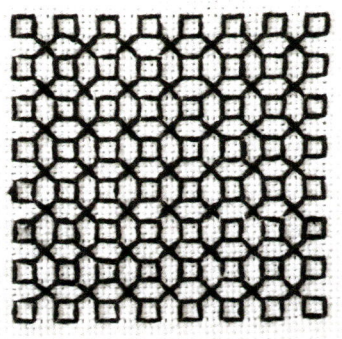

1〜2はBを参照して刺す。

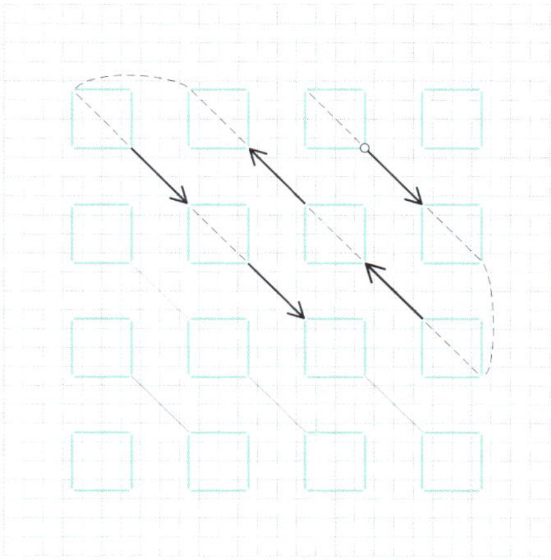

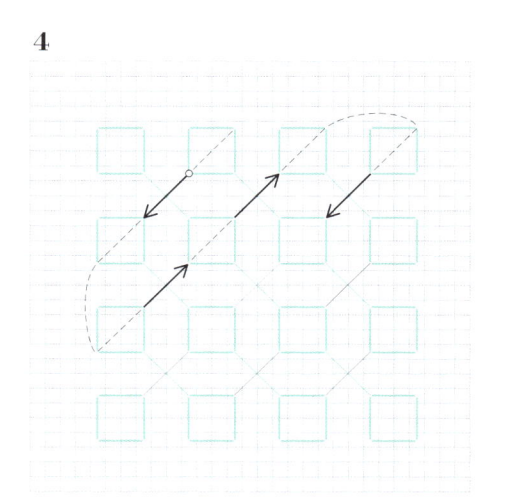

D

1

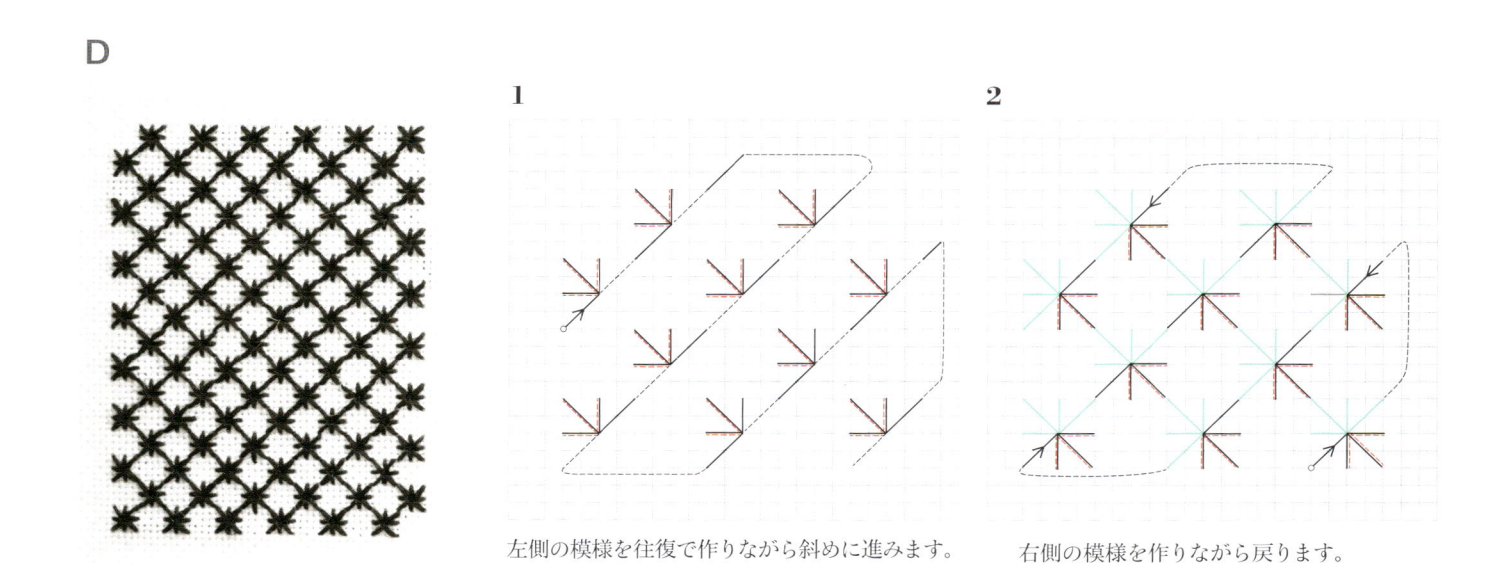

左側の模様を往復で作りながら斜めに進みます。

2

右側の模様を作りながら戻ります。

E

1

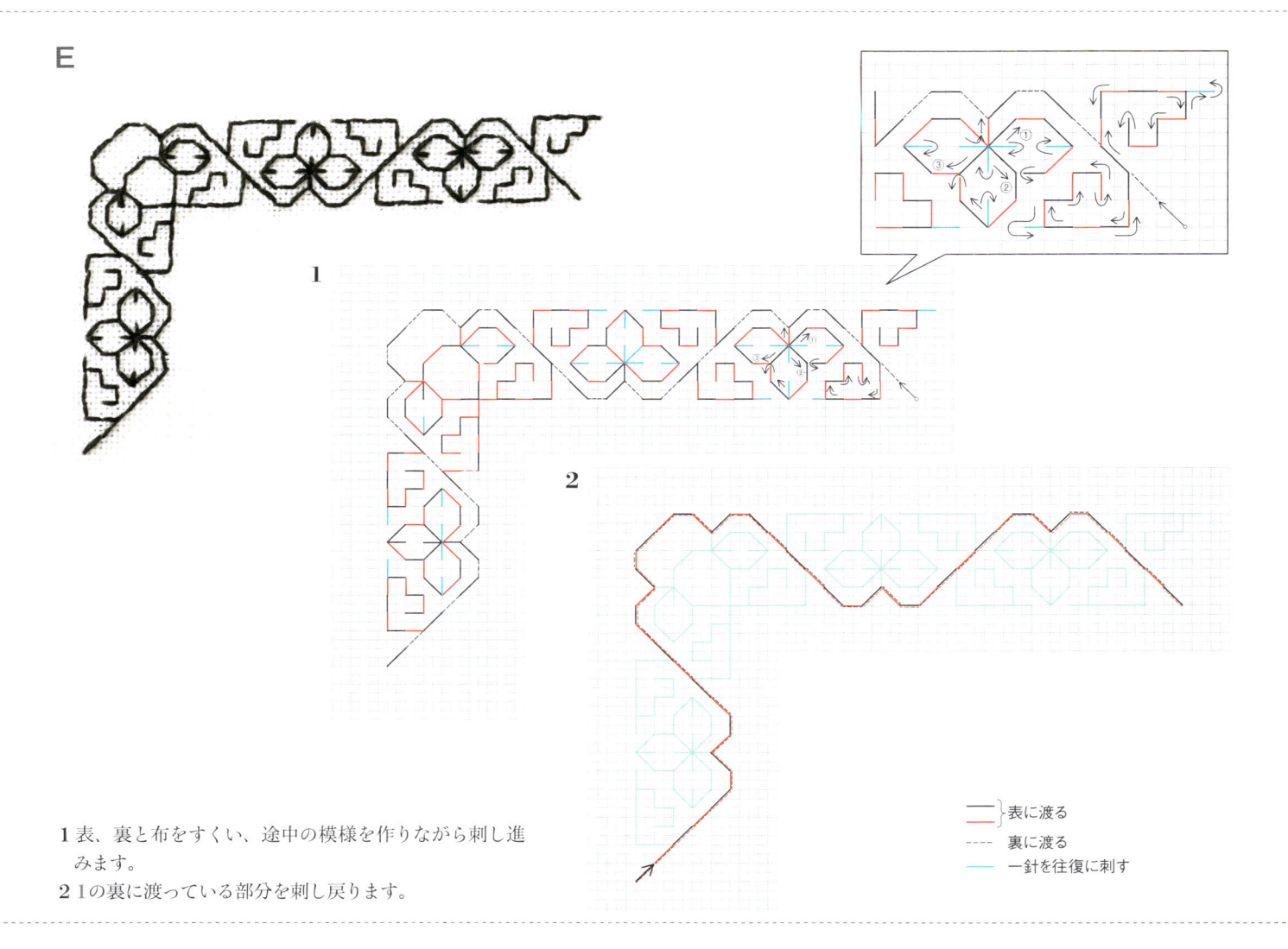

2

1 表、裏と布をすくい、途中の模様を作りながら刺し進みます。
2 1の裏に渡っている部分を刺し戻ります。

　　　表に渡る
- - - 　裏に渡る
　　　一針を往復に刺す

Assisi embroidery

アッシジ刺しゅう

アッシジはイタリア中部・ウンブリア州にある、中世のたたずまいを残す町。アッシジに生まれたイタリアを代表する刺しゅうです。紋章動物からデザインされた作品が多く、周囲をステッチで刺しうめて、形を浮き上がらせる手法。青や赤の濃淡で刺されたものは、伝統的で格式が高いとされ、用途に合わせて使われています。

S＝ステッチ
ステッチの後の数字は色番号（DMC）
※糸は全て3本どり
※1マスは織り糸3×3本

クロス・S（820）

クロス・S（798）

ホルベイン・S（820）

Assisi embroidery

アッシジ刺しゅうの刺し方

- アッシジ刺しゅうは、ホルベイン・ステッチとクロス・ステッチで構成された特徴的な刺しゅうです。デザインの中心となる部分は刺さずに残し、外枠との間をクロス・ステッチでうめていきます。

- 縦、横の織り糸が数えられる布を使用します。使用する布の織り糸の太さ、カウントして刺す織り糸の本数で、同じ図案でも刺しゅうの大きさが変わってきます。刺したい布に入る大きさを、刺す前にあらかじめ考えて、図案を配置するようにしましょう。

サンプラーの刺し方

使用した布　1cm四方　11×11本の平織り布（ルガノ）
使用した糸　25番刺しゅう糸 紺色（DMC820）、
　　　　　　　　　　青（DMC798）全て3本どり

ステッチの刺し方順序
① 模様の外枠のホルベイン・ステッチ
② 模様の内枠のホルベイン・ステッチ
③ 中の鳥の模様のホルベイン・ステッチ
④ 外に配置された模様のホルベイン・ステッチ
⑤ 間の空間のクロス・ステッチ

1 布の下準備をする

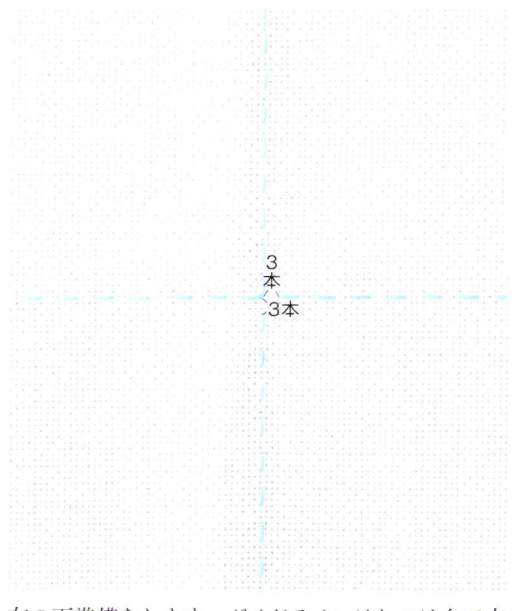

3本
3本

布の下準備をします。ガイドラインはしつけ糸で中心から上下、左右に織り糸3本ずつをすくって作ります(130ページ参照)。

2 刺し始める

❶外枠のホルベイン・ステッチを刺す

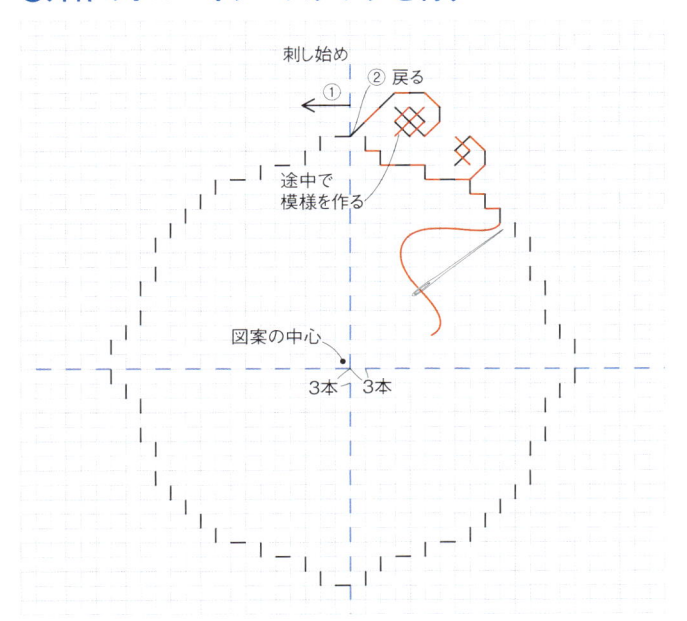

- ホルベイン・ステッチで中央上部よりスタートし、図案にそって刺し始め、一周刺します。
- 残っているラインを刺し戻ります。途中の模様部分はそのつど往復して刺し、完成させながら刺し進みます。

❷内枠のホルベイン・ステッチを刺す

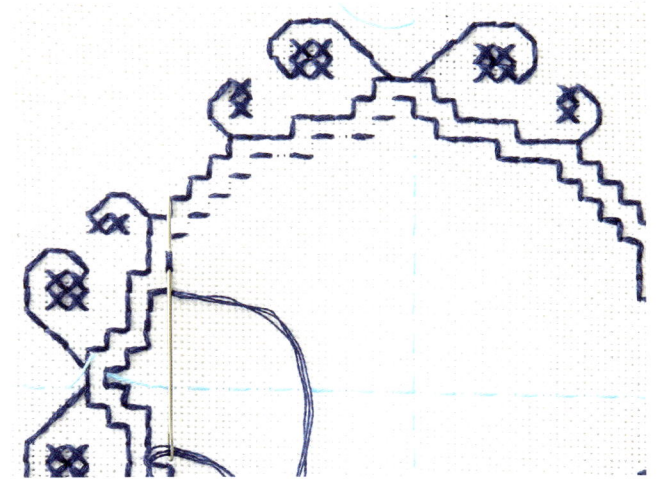

外枠と同様にホルベイン・ステッチで内枠を刺します。

❸中の鳥をホルベイン・ステッチで刺す

❹外に配置された模様をホルベイン・ステッチで刺す
❺間の空間をクロス・ステッチで刺す

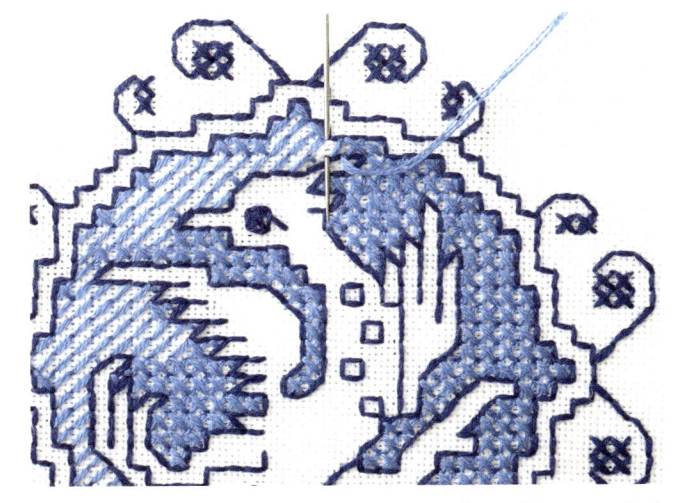

基本的に往復に刺していきますが、角など往復では刺しにくい部分は一つずつ完成させながら進みます。同じ方向に糸目が重ならない場合は下の糸をくぐらせ、常に重なりが同方向になるようにします。

Assisi embroidery

デザインのバリエーション

テーブルクロスや袋物などに部分的に、あるいは連続模様として刺すことのできる図案を紹介します。
刺し方は基本作品と同様で、ホルベイン・ステッチで図案の枠を決め、間をクロス・ステッチで刺します。

ステッチの後の数字は色番号（DMC）
※糸は全て3本どり

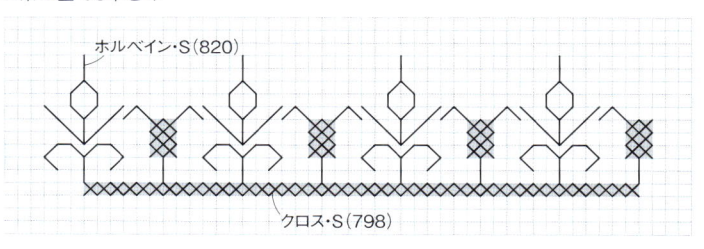

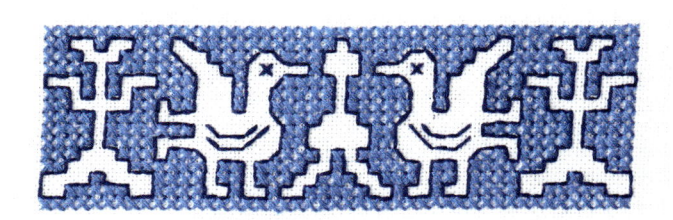

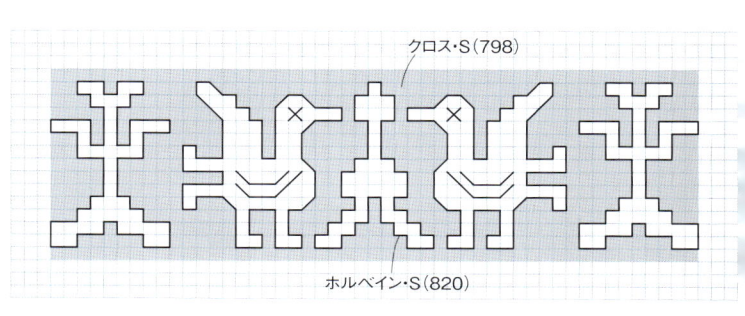

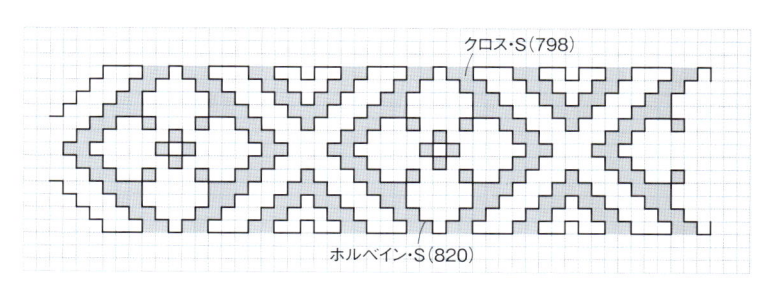

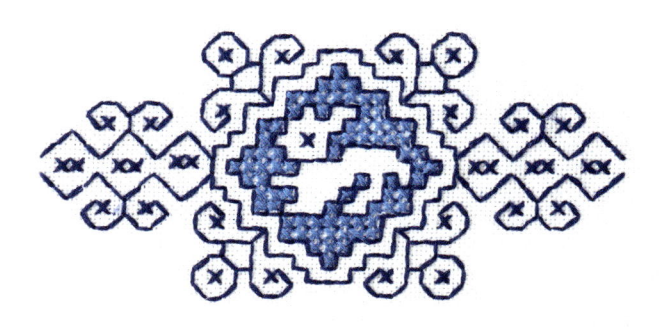

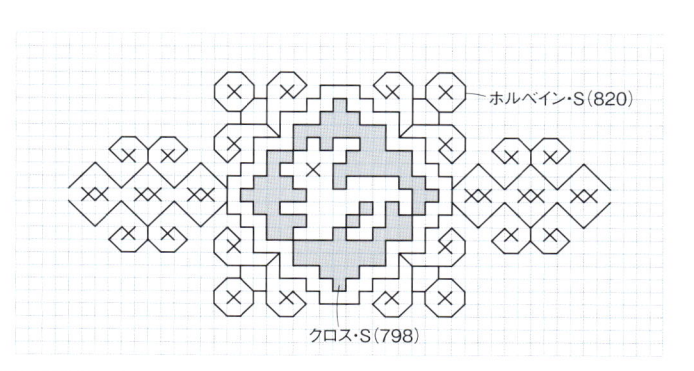

ホルベイン・S(820)
クロス・S(798)

クロス・S(798)
ホルベイン・S(820)

クロス・S(798)
ホルベイン・S(820)

ホルベイン・S(820)
クロス・S(798)

ダーニングワーク　サンプラーのパーツの刺し方 79ページより続く

Darningwork

Drawnwork

ドロンワーク

布の縦糸や横糸を抜き取り、残った織り糸をかがったり、渡した糸にステッチをかけたりして、模様を作り出します。歴史の古い刺しゅうの一つで、ヨーロッパには4世紀後半に伝わったといわれています。ハンカチやナプキンの縁飾り、カフェカーテンなどにシンプルなドロンワークが使われます。

※糸は色番号5200(DMC)

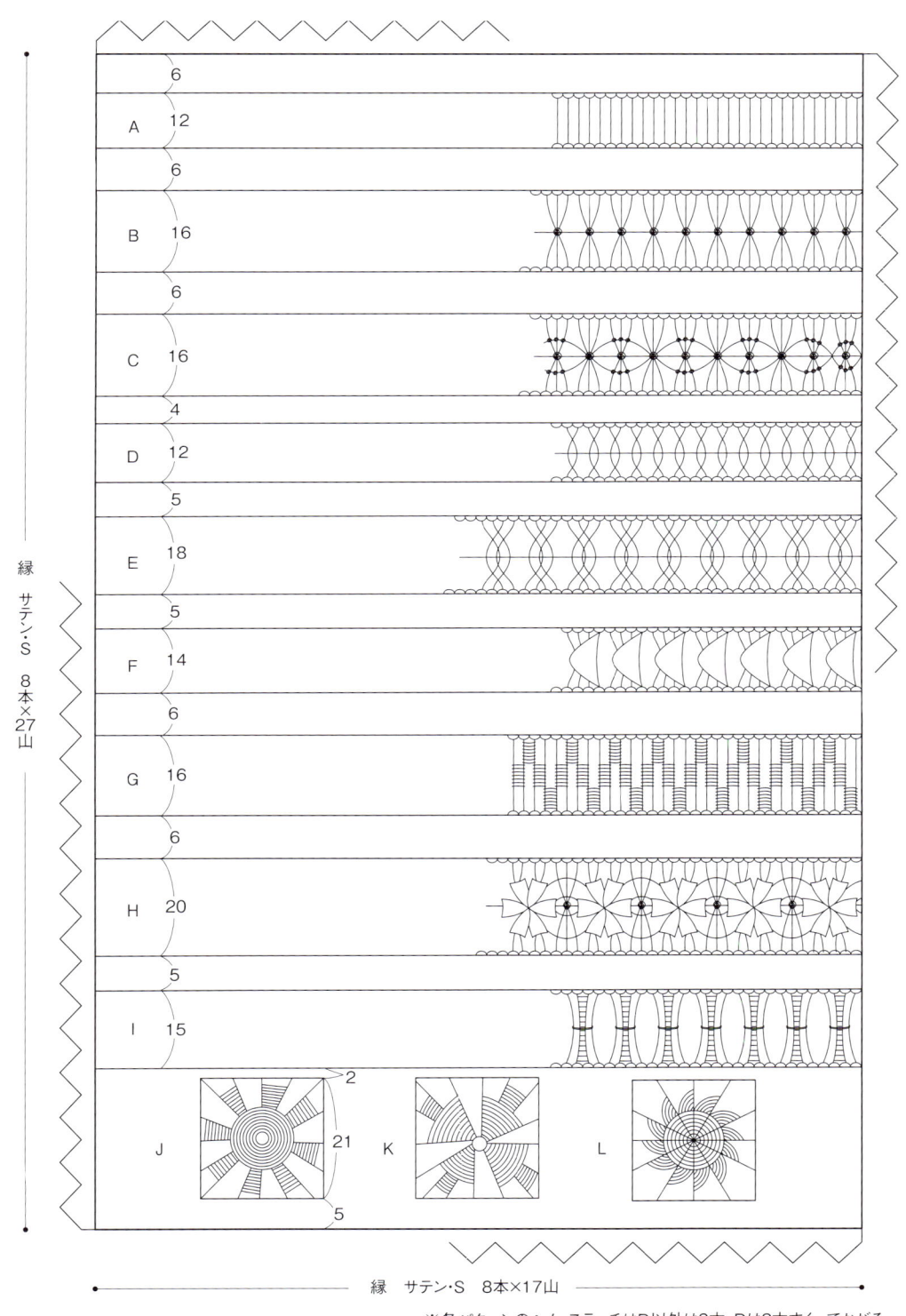

縁　サテン・S　8本×27山

A	6 / 12 / 6
B	16
C	16
D	4 / 12 / 5
E	18
F	5 / 14
G	6 / 16
H	6 / 20
I	5 / 15
J	2 / 21 / 5
K	
L	

縁　サテン・S　8本×17山

※各パターンのヘム・ステッチはD以外は3本、Dは2本すくってかがる。
※図中の数字は織り糸の本数

Drawnwork

ドロンワークの刺し方

● ドロンワークとは、布の織り糸を縦に横に抜きとり、帯状や格子状に残った織り糸に、別の糸でさまざまなかがりを加えて模様を作り出す刺しゅうです。布や糸を変えることで、ざっくりした模様や、時にはレースに見えるような繊細な柄も作り出します。

● まず刺しゅうの大きさを決め、その大きさよりひと回り大きな布を用意します。織り糸を数えて刺すので、布の織り糸の太さによって仕上がる大きさは多少変わります。
● 刺す方向は、右からでも左からでも刺しやすいほうからでかまいません。手の動きと布の方向を、流れのなじみやすい方向で刺しましょう。

サンプラーの刺し方

使用した布　1cm四方　11×11本の平織り布（カシェル）
使用した糸　25番刺しゅう糸　白（DMC5200）

刺し方順序

1　布のまわりを布端がほつれてこないようしつけ糸でかがっておきます。
2　しつけ糸で布の中心から上下、左右に織り糸4本ずつをすくってガイドラインを刺し、布の中央を決め、図案の配置の目安に利用します（130ページ参照）。

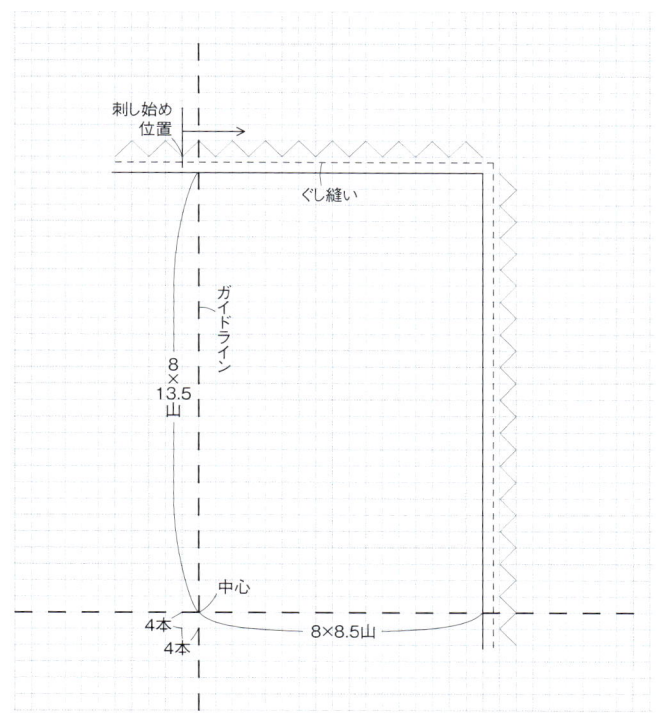

3　2の中心より上方向に13.5山を数え、中央より横に刺し始め、外枠を決めます。織り糸をカットしたときに織り糸が抜けてこないよう枠の少し外側をぐし縫いしてとめておき、その上にサテン・ステッチを刺します。

4　上から順番に一つずつのかがりを、糸を抜きながら刺し入れていきます。

縁飾りのサテン・ステッチ

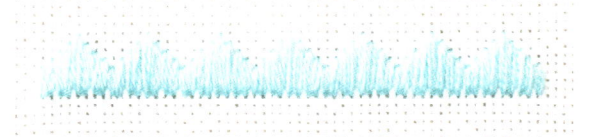

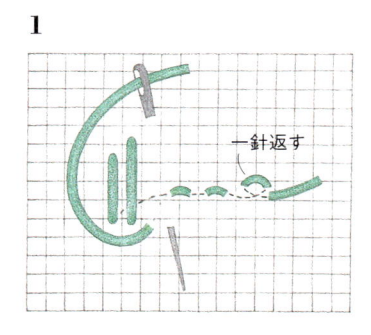

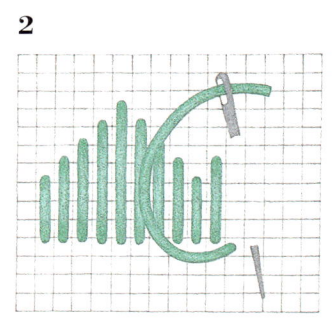

1 一針返す

2

一針返し縫いをし、ぐし縫いをしてから刺し始めます。

各かがりの刺し方

A ヘム・ステッチのかがり

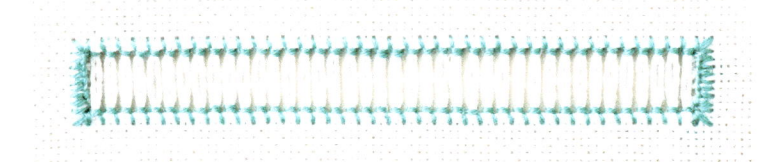

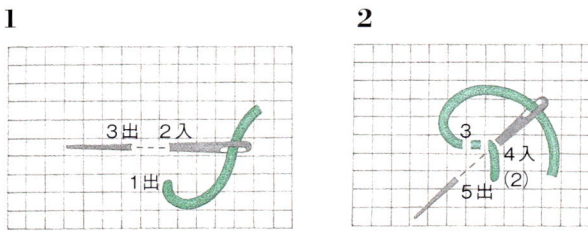

1 3出 2入 1出

2 3 4入(2) 5出

3

ヘム・ステッチ(図1～3)は、全てのかがりの基本となります。

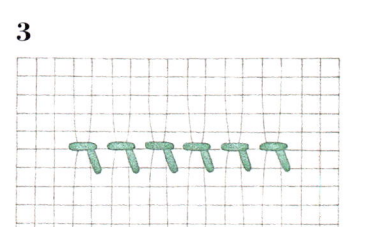

両サイドにボタンホール・ステッチを刺します。下図のようにボタンホールのきわで織り糸はカットします。

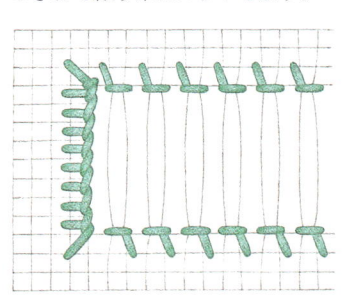

B 結びかがり

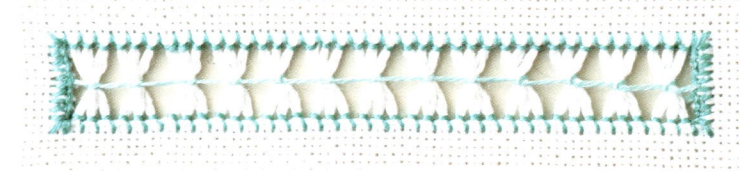

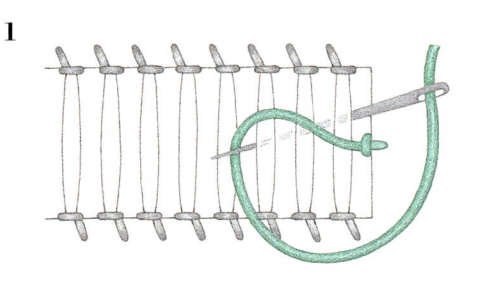

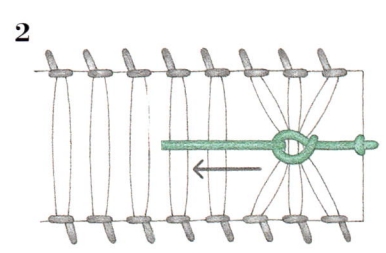

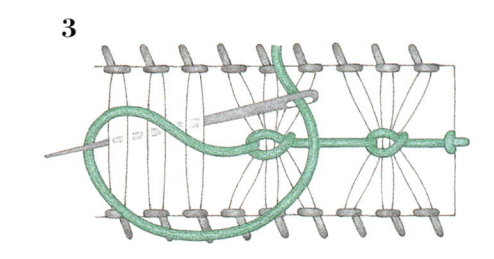

1

2

3

Aのヘム・ステッチ3束分をすくって結びまとめます(別糸のつけ方は100ページ参照)。

Drawnwork

C 結びかがり

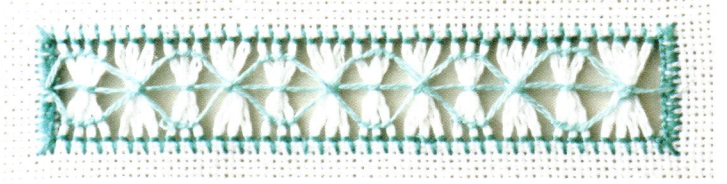

1 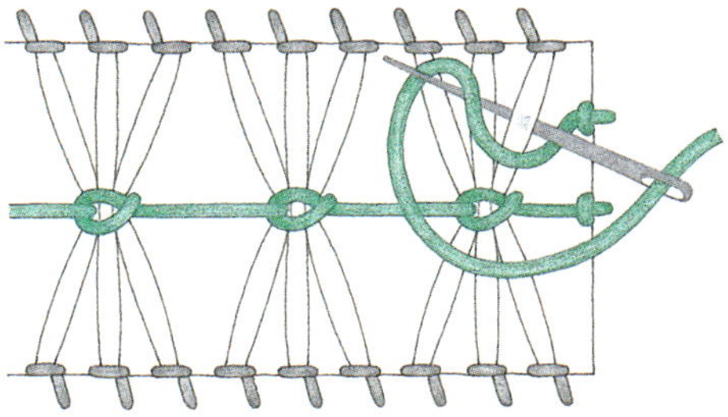 Bと同様の結びかがりをします。新たに別糸をつけ、ヘム・ステッチごとに3回結びます。

2 次の結びの中を通して下側の織り糸を同様に結んでいきます。

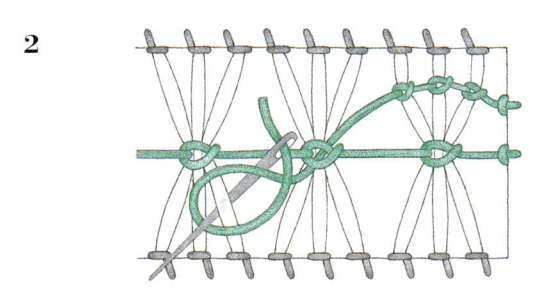

3 下側にも新しい糸をつけ、同様にかがります。

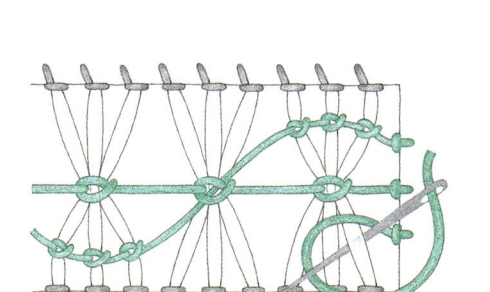

4 2と同様に結びの中を通して上側をかがります。

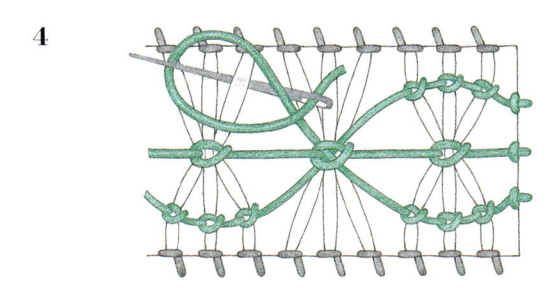

D クローズドかがり

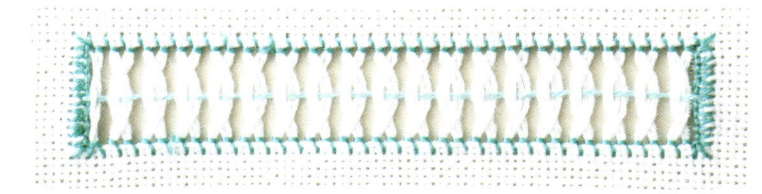

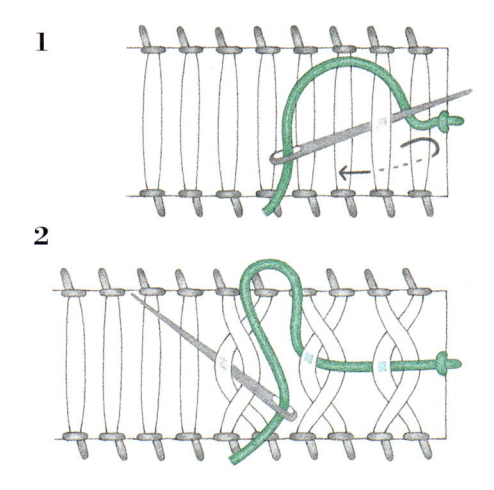

ヘム・ステッチで2本ずつまとまった織り糸の束二つを、入れかえるようにすくってまとめていきます。

E ダブルクローズドかがり

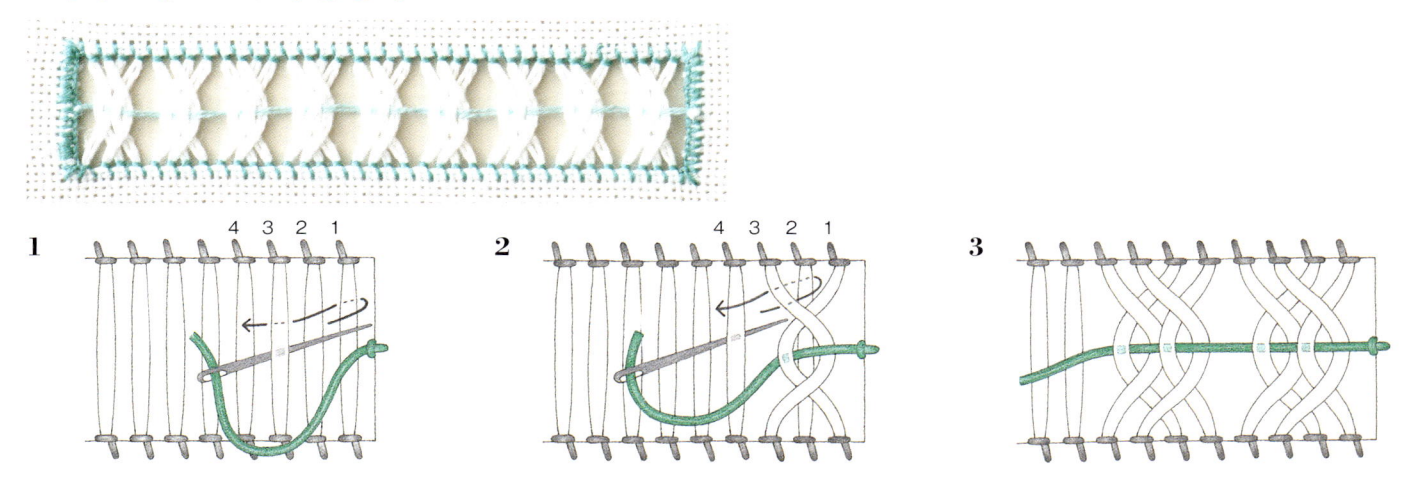

ヘム・ステッチでまとまった4つの織り糸の束を D と同様に3と1、4と2を入れかえるようにまとめます。

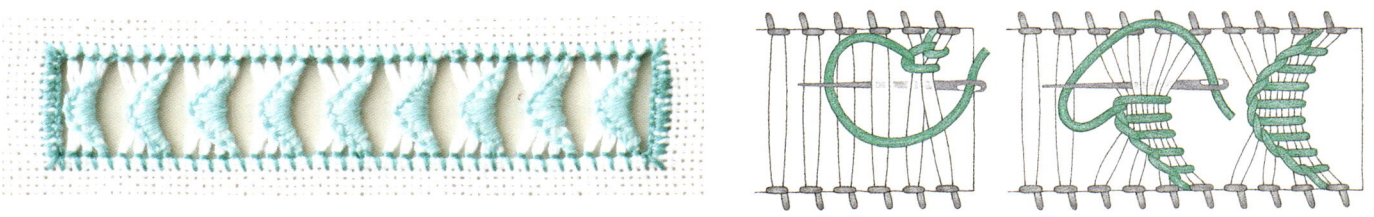

F ボタンホールかがり

ボタンホール・ステッチの要領で、ヘム・ステッチの束を一つずつ増やしながら中央までかがり、ヘム・ステッチの数を減らしながら端までかがります。

G ダーニングかがり

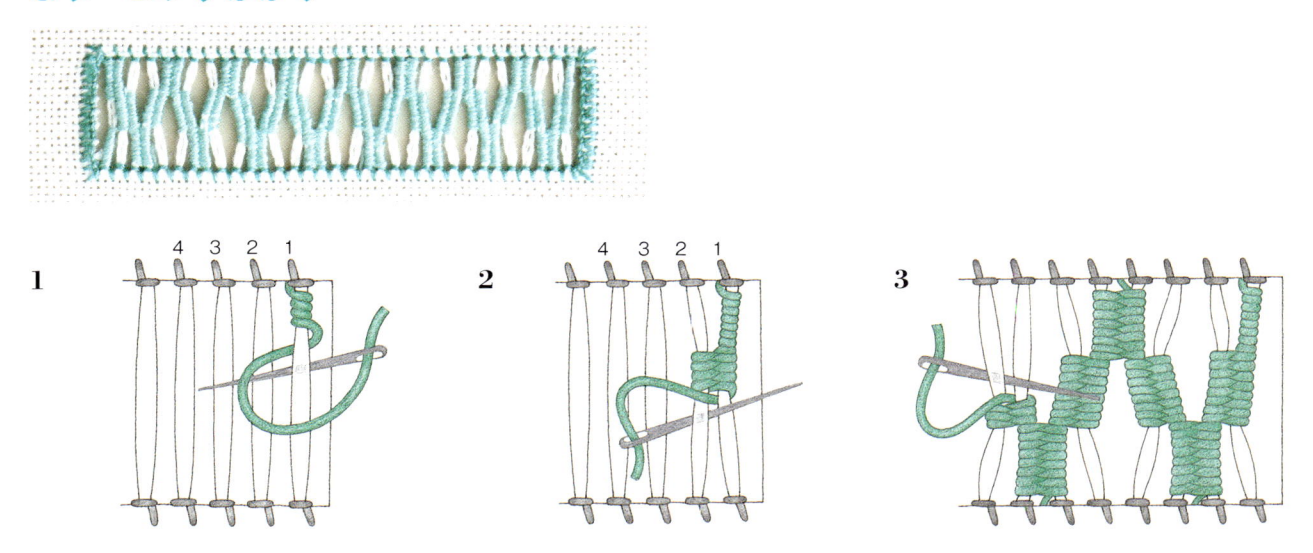

ヘム・ステッチ1束を上から1/3まで巻きかがり、次に1と2を図のように交互にすくって(ダーニングかがり)、1/3ずつまとめていきます。

Drawnwork

H クローバーかがり

1 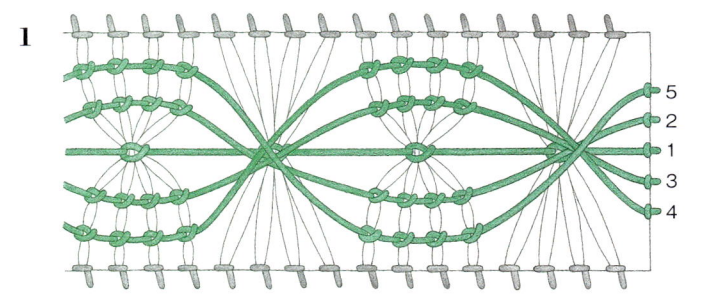 Bの結びかがり、Cの結びかがり2本します。

2 別糸を新たにつけ、一つめの結びをぐるりと2周かがります。

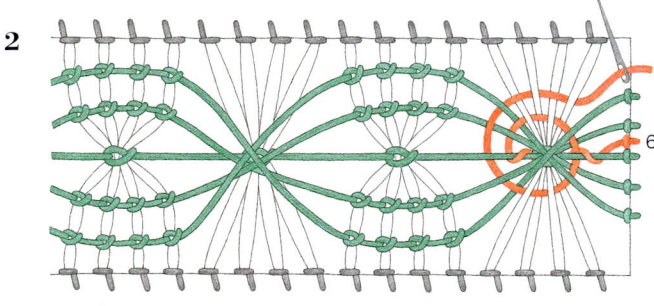

3 Cのかがった糸とヘム・ステッチ2束を使ってダーニングかがりをします。

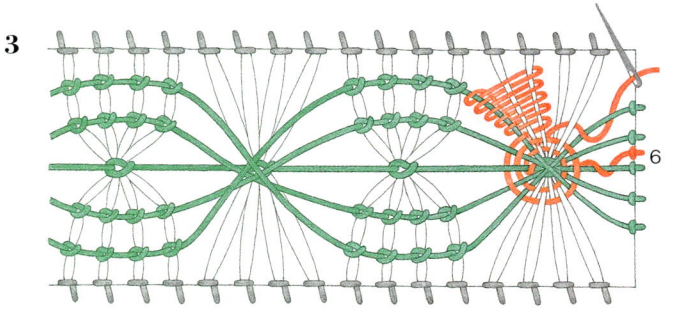

4 続けて3本ずつダーニングかがりでまとめ、中央のかがり糸にからめながら、三つめに進みます。

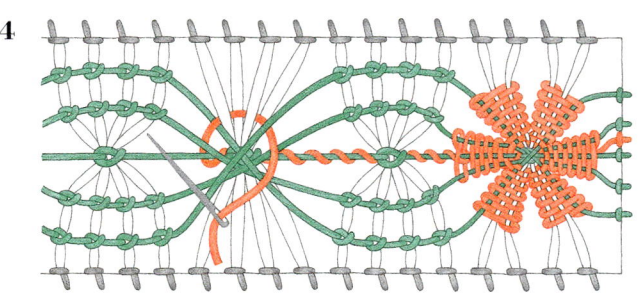

I ダーニングかがり

ダーニングかがりで4束ずつまとめていきます。

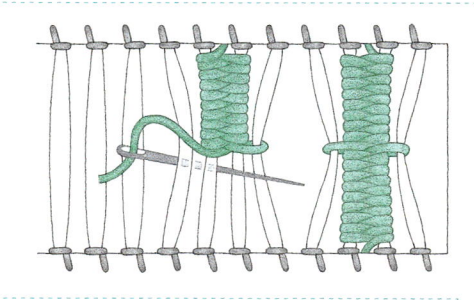

かがり用の別糸のつけ方

始め

1 **2** 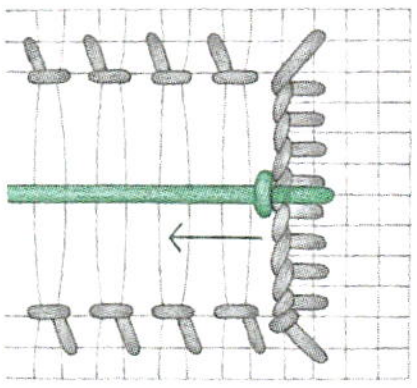 針を抜き、矢印の方向に引き締める。

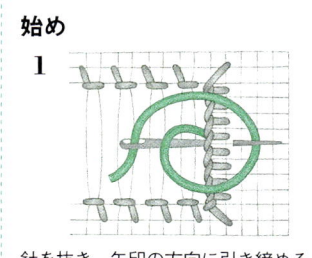

終わり

1 **2** 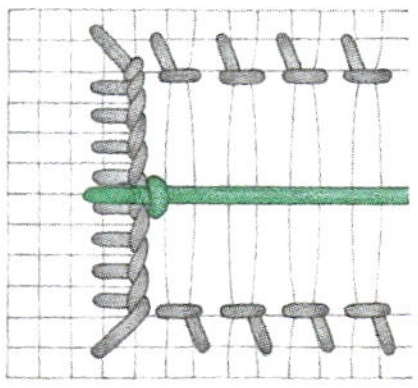 針を抜き、矢印の方向に引き締める。

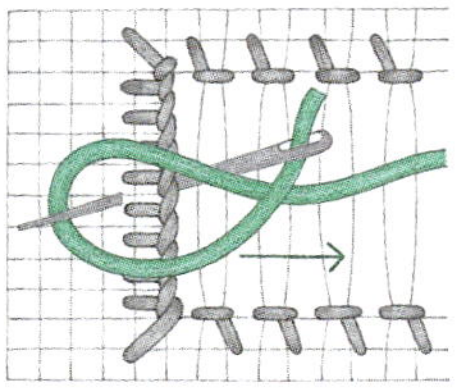

J スクエアかがり

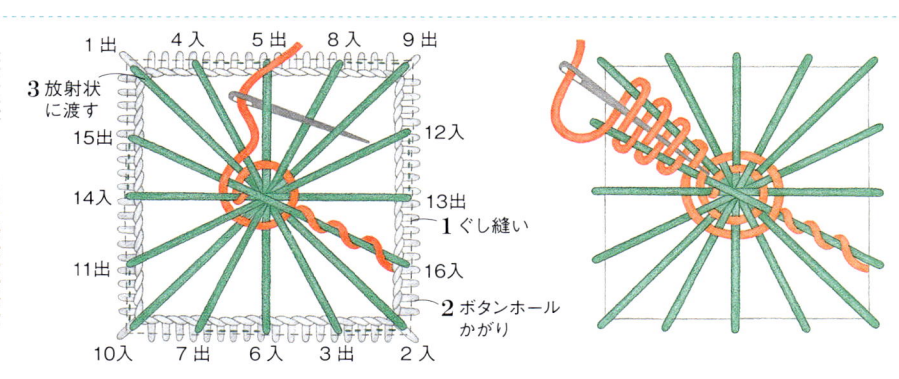

1 まわりにぐし縫いします。
2 ボタンホールかがりをしてカットします。
3 放射状に8本の糸を渡します。
4 3の最後の糸に巻きつけながら中央に戻り、上下交互にくぐらせて2周かがります。
　このとき1周めの最後は2周めの上下が逆になるよう、2本下を通して2周めに進みます。
5 2本ずつをダーニングかがりでまとめ、かがった糸の間を通して中心に戻り、隣の2本に移ります。

K スクエアかがり

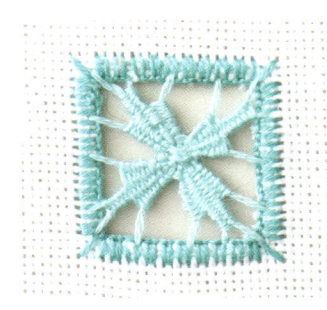

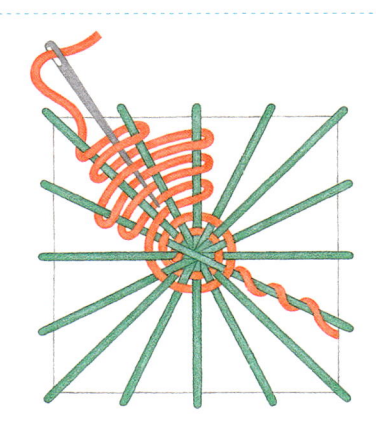

1 ～ 3 まではJと同様にします。
4 放射状に渡した糸4本をダーニングかがりでまとめていき、最後1/3は中央の2本でダーニングかがりをします。
5 かがった糸の間を通して中央に戻し、次の4本に移ります。

L スクエアかがり

1 ～3 まではJと同様にします(但し、渡す糸は6本)。
4 放射状に渡した糸の最後を巻きながら中央に戻し、渡した糸を1本ずつ巻きながら円状にかがります。
5 放射状に渡した糸と4の巻いた糸の最後の段を利用してダーニングかがりをします。

Hardanger embroidery

ハーダンガー
刺しゅう

ヨーロッパ各地にドロンワークの技法が渡り、新たな刺しゅうに発展しました。ハーダンガー刺しゅうもその一つです。
ハーダンガーはノルウェーの地方の名称。四角い一つのマスを基本に幾何学模様が作られます。
複雑に見えますが、数えやすい模様の構成なので、慣れれば自分でデザインする楽しみが生まれます。

S=ステッチ
※糸の色番号5200(DMC)
全て1本どり

サテン・S
七宝かがり
ダーニングかがり

Hardanger embroidery

ハーダンガー刺しゅうの刺し方

- ハーダンガーは、布地の縦横の織り糸をカウントした一つの格子を基本として幾何学模様が作られます。使う布は縦横の織り糸がカウントできる平織りのしっかりした布が適します。ハーダンガー用の布も市販されています。
- 糸は刺す布のカウントに合わせて選びますが、カットした織り糸の端をカバーできるようにあまり細くないものが適します。
- 1マスは、縦横の織り糸4本で、直線、階段状にサテン・ステッチで刺し進んでベースを作ります。サテン・ステッチは、カットした糸端を保護し、織り糸が抜けてしまわないようブロックの役割をします。4本の織り糸の糸止めをするため5目のサテン・ステッチが基本となります。
- サテン・ステッチで囲まれた模様の中の織り糸をカットし、格子状に残った織り糸にいろいろな飾りステッチを入れます。ほかにもさまざまなステッチを飾りとして使います。

サンプラーの刺し方

使用した布　1cm四方　8×8本の平織り麻布(コングレス)
使用した糸　8番刺しゅう糸　白(DMC5200)

1 布の下準備

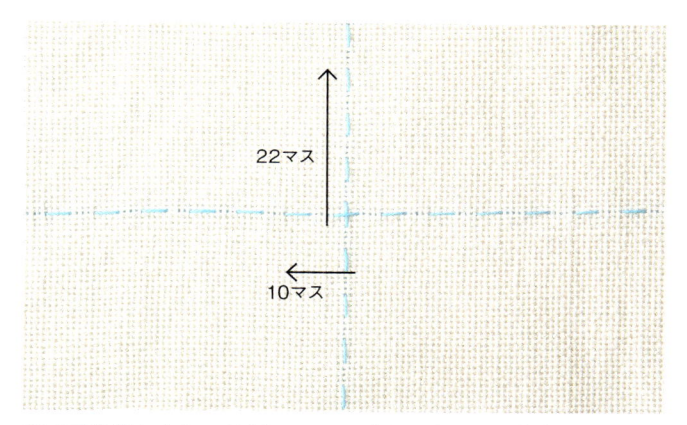

布の下準備をする。ガイドラインは中心から上下、左右に織り糸を4本ずつすくって刺し、図案のガイドラインを作ります(130ページ参照)。このとき中心に縦横しつけ糸がクロスするように刺します。

2 刺し始める
❶四方の枠を作る

中心のマスから22マスめが刺し始めのマスになり、サテン・ステッチで刺し始めます。重なるガイドラインのしつけはカットします。

直線に刺す サテン・ステッチ (四方の枠)

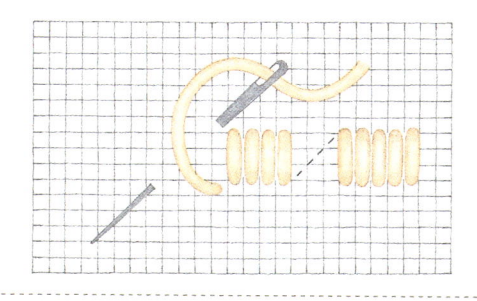

❷ 階段状の囲みのサテン・ステッチを刺す

階段状に刺すサテン・ステッチ

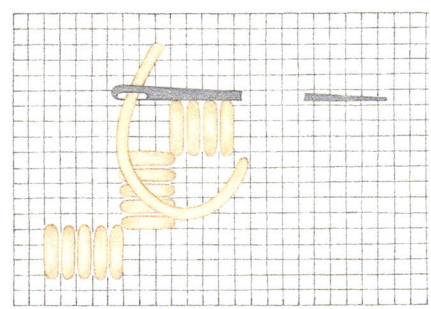

階段状のサテン・ステッチ
模様のサテン・ステッチ
四方のサテン・ステッチ

103ページの図案を参照してサテン・ステッチを刺します。

角の部分は横のステッチと縦のステッチが同じ穴に入ります。

3 織り糸をカットする

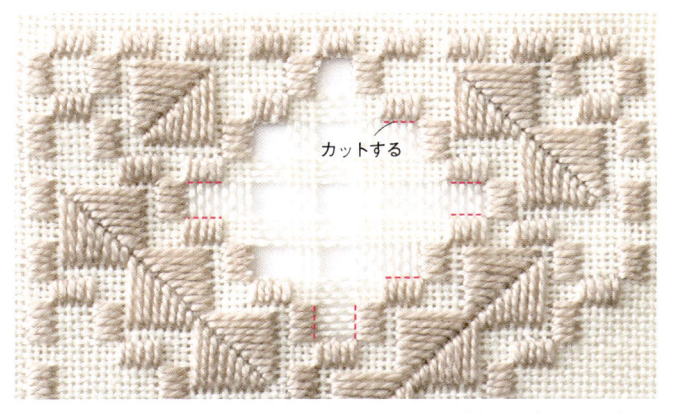

模様のサテン・ステッチ

カットする

ステッチのきわにはさみを添わせるようにし、刺した糸を切らないようにして、織り糸1本ずつをカットします。必ずサテン・ステッチで糸止めされているところをカットするようにします。

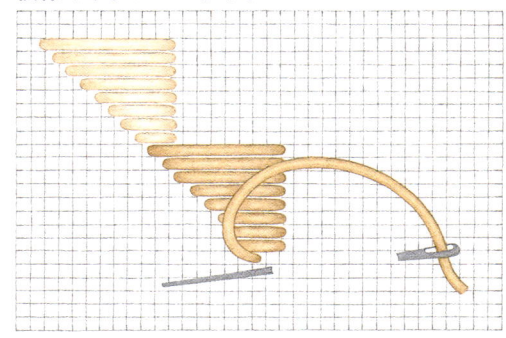

4 残った織り糸に飾りかがりをする

ダーニングかがり

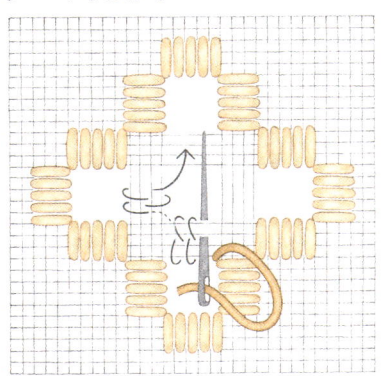

七宝かがり

別糸を刺したサテン・ステッチの裏糸にくぐらせ、一度返し針をしてかがります。織り糸のきわに出して図のようにかがります。

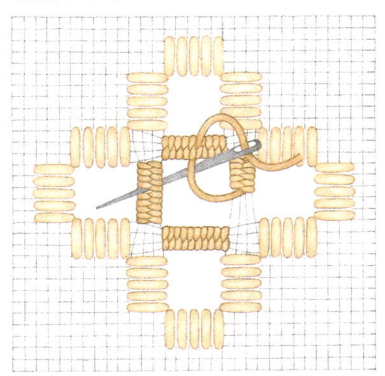

1 ダーニングかがりの4辺目の真ん中までできたら、戻るようにそれぞれの辺の中央に針を入れてかがります。

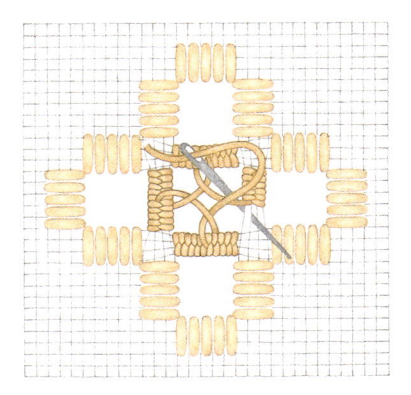

2 途中の辺までできたら続きのダーニングかがりを端までします。

Hardanger embroidery

ハーダンガー刺しゅうのバリエーション

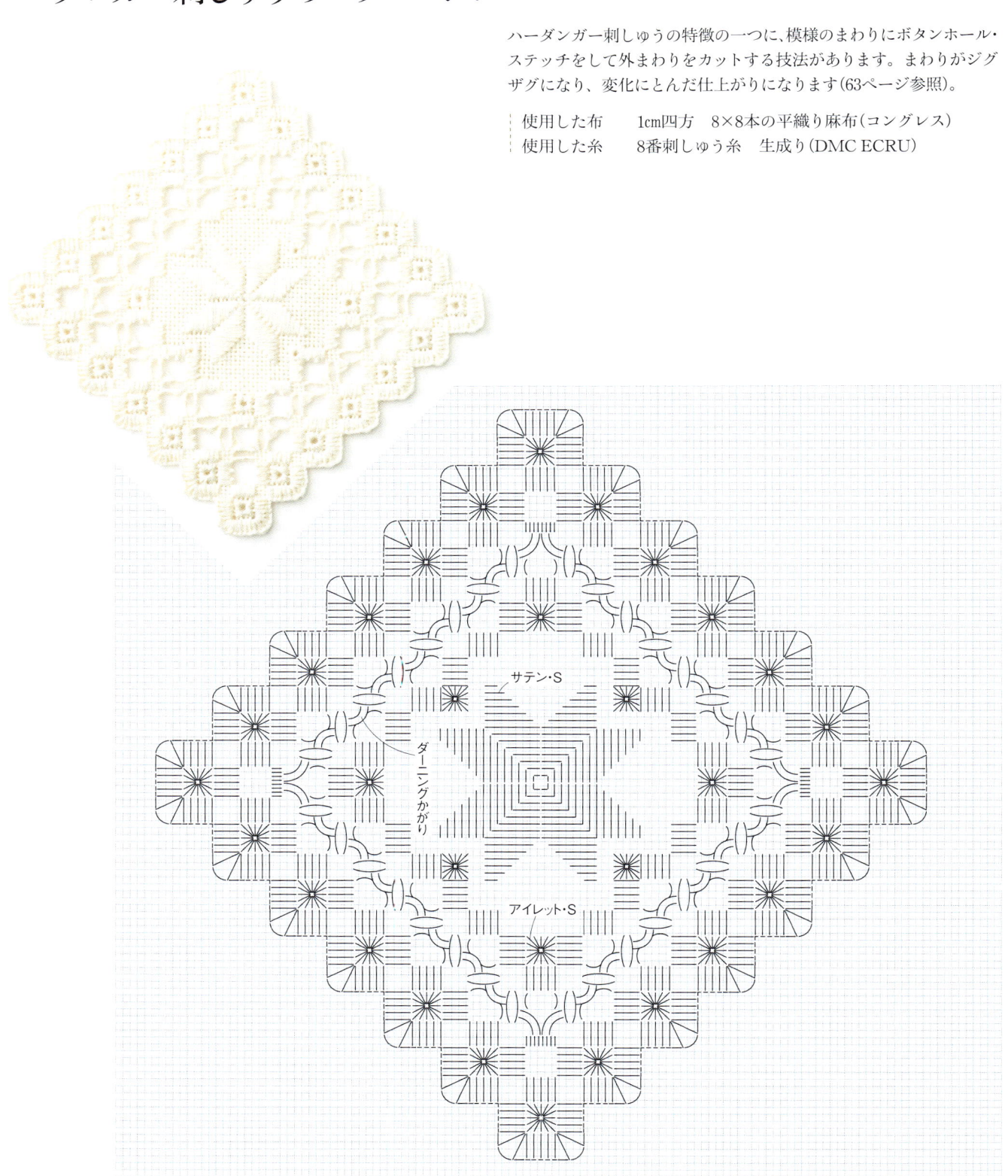

ハーダンガー刺しゅうの特徴の一つに、模様のまわりにボタンホール・ステッチをして外まわりをカットする技法があります。まわりがジグザグになり、変化にとんだ仕上がりになります(63ページ参照)。

使用した布　　1cm四方　8×8本の平織り麻布（コングレス）
使用した糸　　8番刺しゅう糸　生成り（DMC ECRU）

サテン・S
ダーニングかがり
アイレット・S

刺し方順序

1. 1〜3までは104ページの刺し方を参照にし、同様に刺します。
2. 3でカットして残った織り糸を、図を参照してダーニングかがりでかがっていきます。
3. まわりをテーラードボタンホール・ステッチまたはボタンホール・ステッチ(60ページ参照)でかがります。
4. 飾りと、織り糸をとめるためのアイレット・ステッチをまわりに刺します。

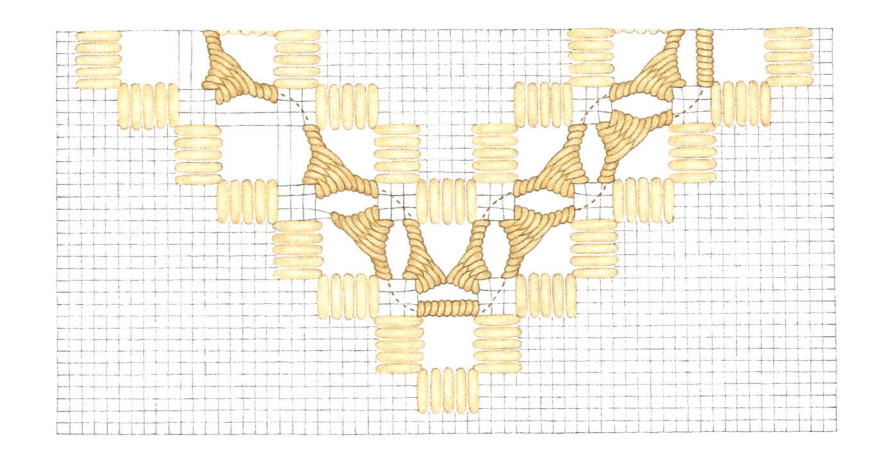

ダーニングかがり

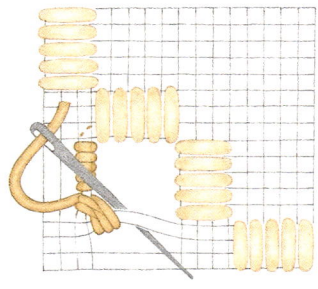

❶ サテン・ステッチの裏糸に新たな糸をくぐらせ一針返し、表に出す。2本を巻いて根元までいき、隣の2本とでダーニングかがりをする。

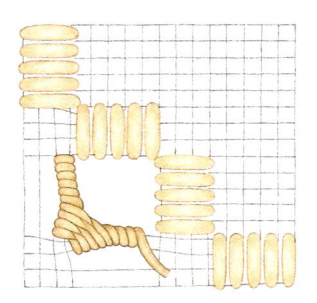

❷ ½ぐらい巻いたら右の2本を端まで巻く。

テーラードボタンホール・ステッチ

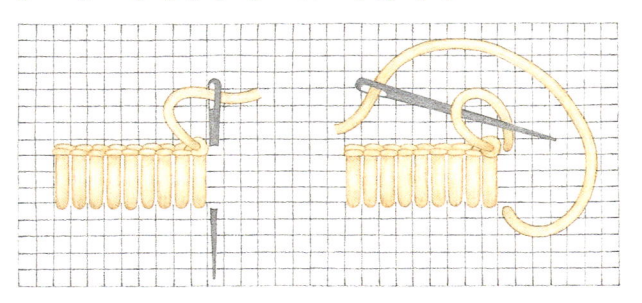

アイレット・ステッチ

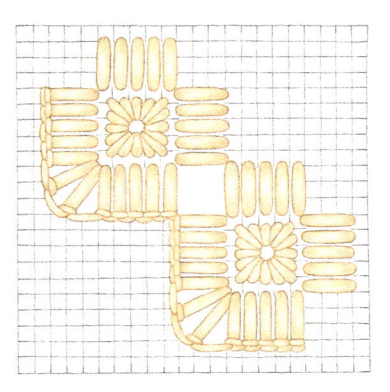

まわりをカットする

はさみでカット

ボタンホール・ステッチのきわから余分な布をカットします。

Ajour embroidery

アジュール刺しゅう

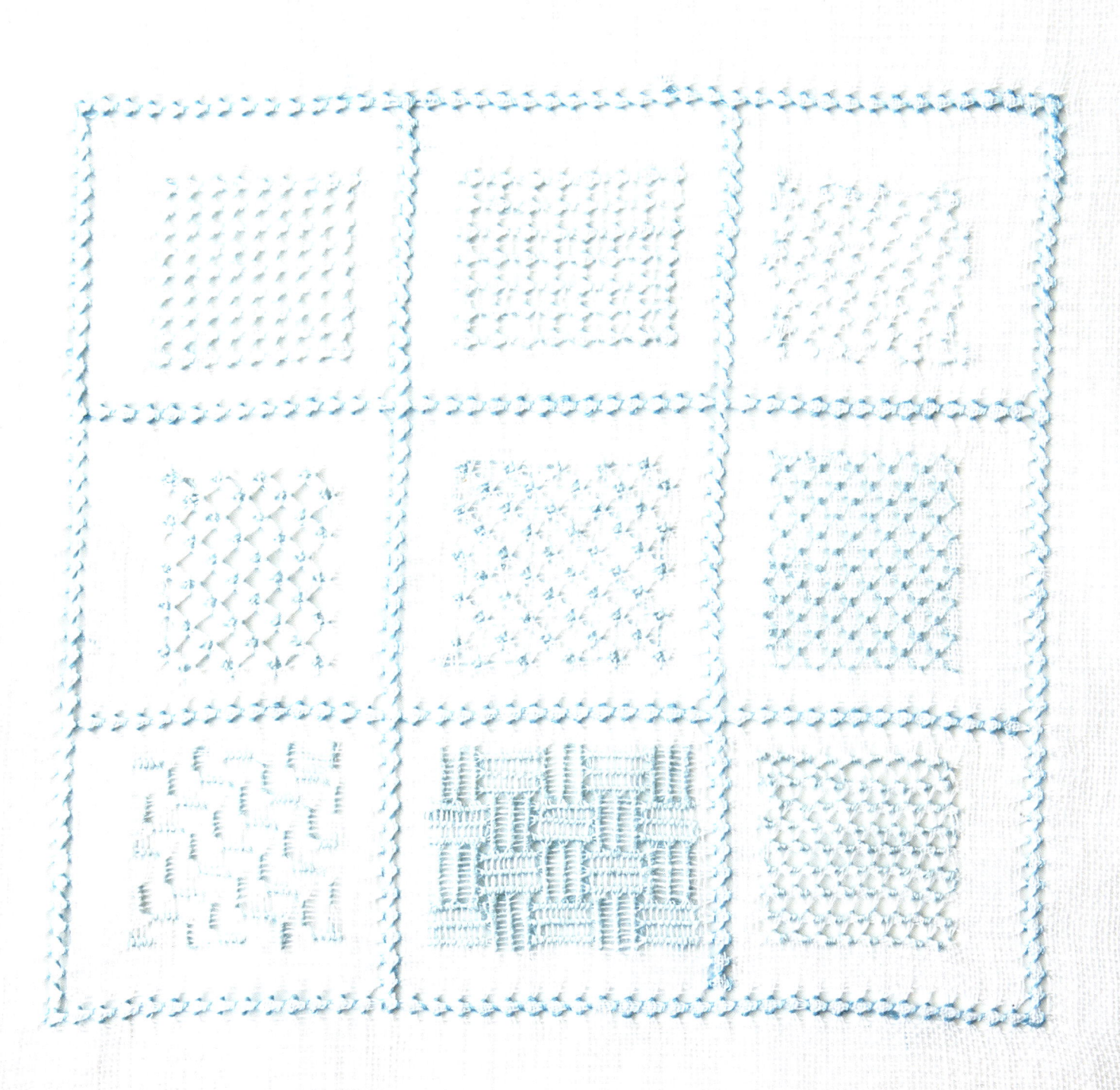

アジュールは透かし彫りという意味のフランス語。レースと見まごうほど繊細な刺しゅうです。
薄い透け感のある専用の布に、糸を引き締めながら刺して模様を作ります。ドロンワークやハーダンガー刺しゅうと異なり、布の織り糸は抜かず、刺しゅう糸を強めに引いてかがり寄せることで、細かい優美なデザインが生まれます。

※パターンを一つ選んで刺すときは、それぞれの枠に収まるように刺し方を参照してかがっていきましょう。
※糸の色番号964（DMC）　全て2本どり

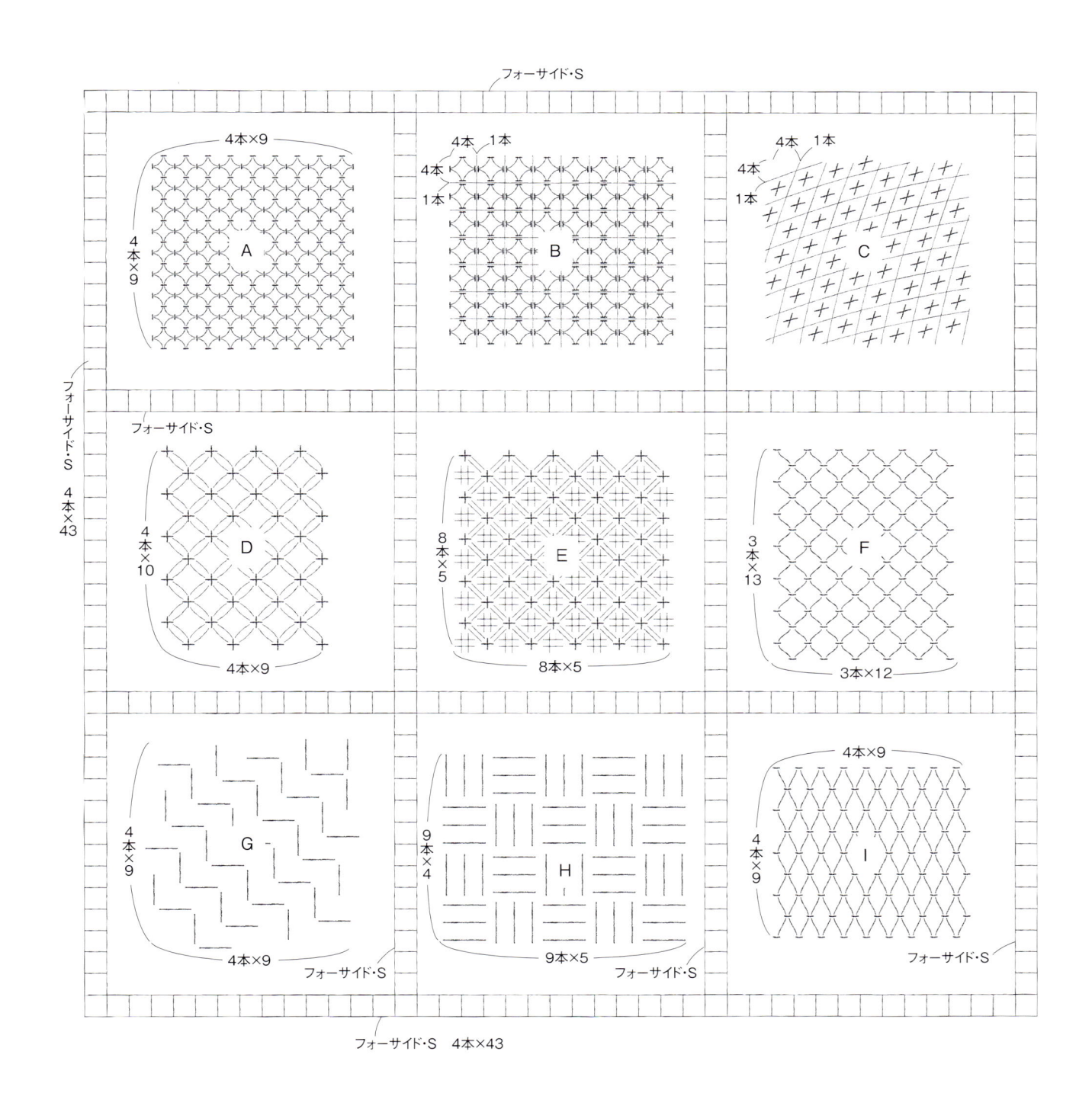

Ajour embroidery

アジュール刺しゅうの刺し方

- アジュール刺しゅうは布の織り糸をかがり少しきつめに引き締めて織り糸を寄せ、レースのような表情を出す技法です。刺しゅう糸の引き加減で模様の表情、太さが変わります。布の織り糸を縦横にかがるという点ではドロンワークやハーダンガー刺しゅうと同じですが、織り糸をカットせずに引き締めて模様を作るという点が大きく異なります。

- 織り糸を巻くようにかがるストレート・ステッチ、縦横、斜めと織り糸を引き締め、上下斜めに針目が動くウェーブ・ステッチ、表に出る針目は小さく、裏に重なる糸を楽しむシャドー・ステッチなどがあります。

- 使用する布は細い織り糸で目の粗い透け感のあるものがよく、アジュール専用の布を利用します。目の詰まったしっかりした布は向きません。

サンプラーの刺し方

使用した布　1cm四方　12×12本の麻布(ゼンガーリネン)
使用した糸　25番刺しゅう糸　ミントブルー(DMC964) 2本どり

刺し方順序
1. 布の下準備をします(130ページ参照)。ガイドラインは中心から上下、左右4本ずつ、織り糸をすくって作ります。
2. 枠を刺します。四方かがり(フォーサイド・ステッチ)で縦、横のラインを刺し、9つの格子を作ります。
3. 格子の中に各パターンを刺します。

図の見方
矢印は、1回の針の動きを表している。破線は巻くときに裏になる糸を表わしている。細線はすでに刺し終えた針目を表わす。引き締める糸の本数にわたって矢印があり、実際は引き締まって糸は細い束になる。

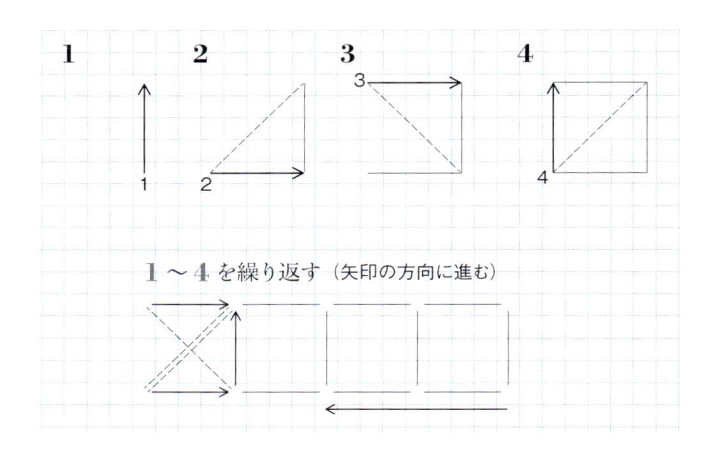

枠の刺し方

四方かがり(フォーサイド・ステッチ)

巻き始めの糸端は次のかがりをするときに、裏側で押さえて始末します。巻き終わりは裏面に出し、裏に渡った刺し糸にくぐらせて始末します。

直角に曲がるときの針の動き

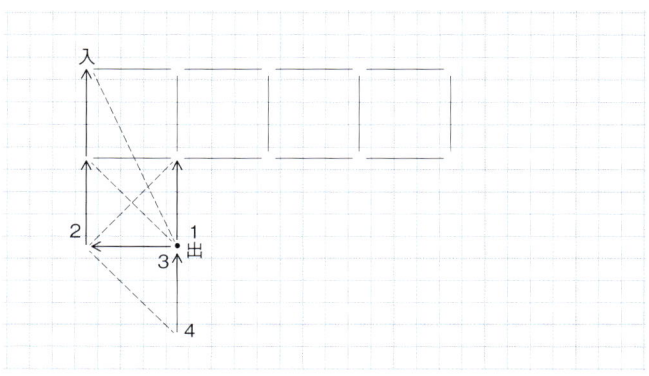

サンプラーの各パターンの刺し方

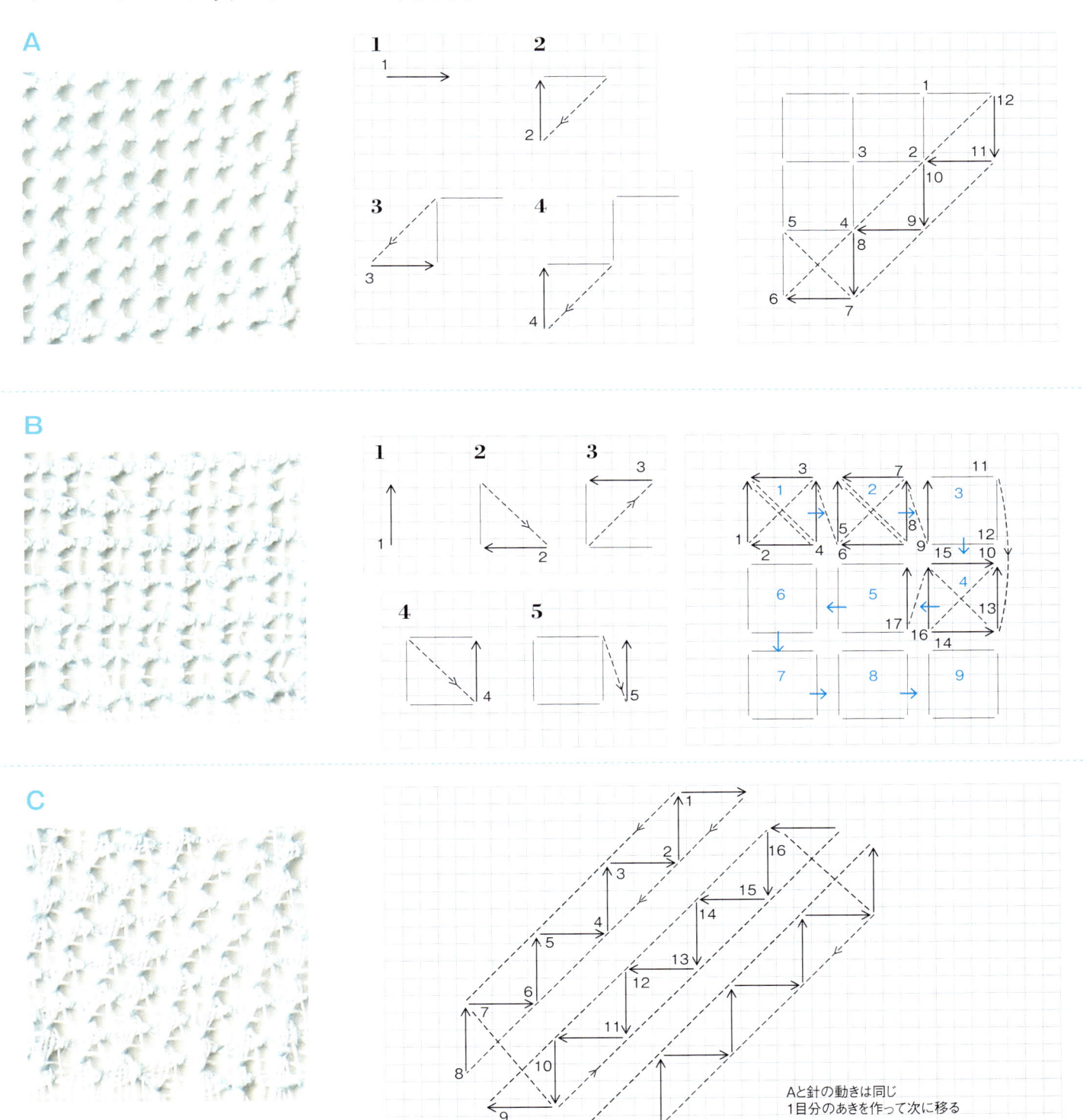

A

B

C

Aと針の動きは同じ
1目分のあきを作って次に移る

Ajour embroidery

D、E 共通の針の動き

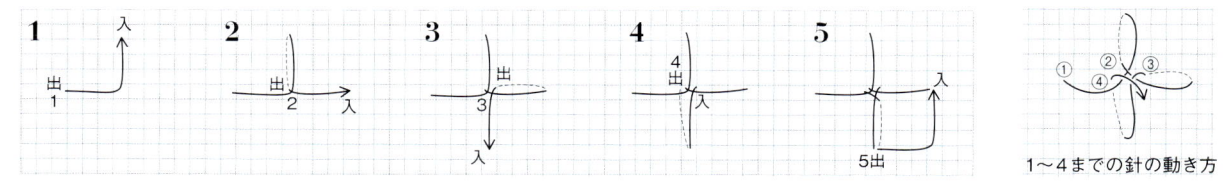

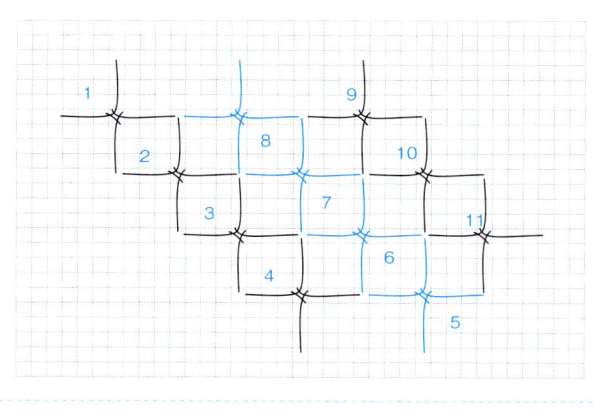

1〜4までの針の動き方

D

枠内の数字の順に
斜めに往復に刺す

E

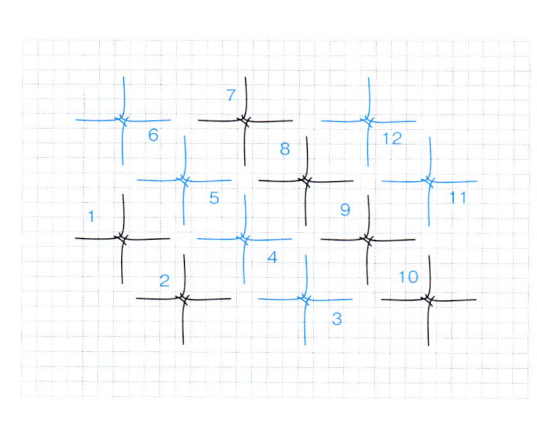

かがり方はDと同じ。
織り糸は3本すくい、
1列ずつ間をあけてかがる。

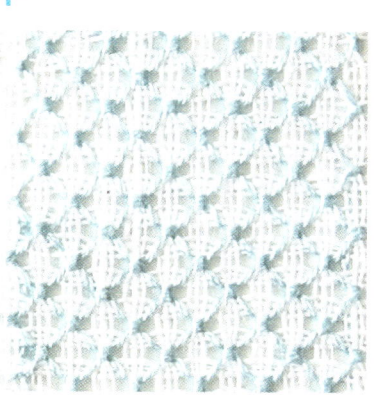

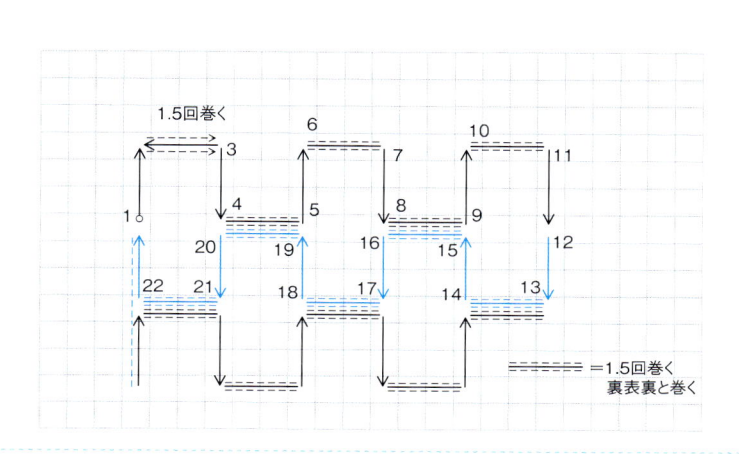

F

1.5回巻く

======= =1.5回巻く
裏表裏と巻く

G

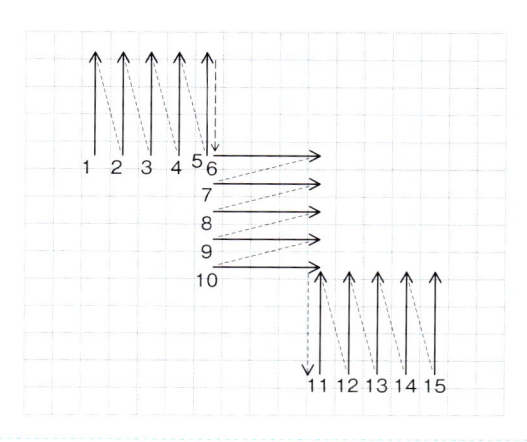

1 織り糸の間を下から上に4本を一緒に5回巻きます。
2 織り糸の間を左から右に4本を一緒に5回巻きます。
3 1〜2を階段状に繰り返します。

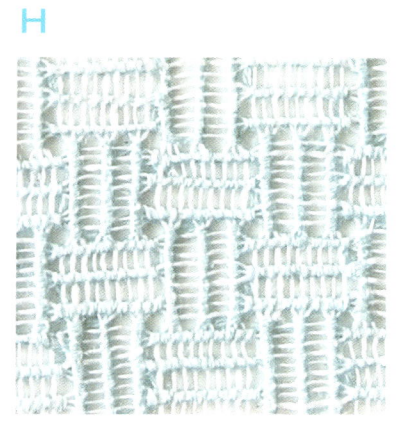

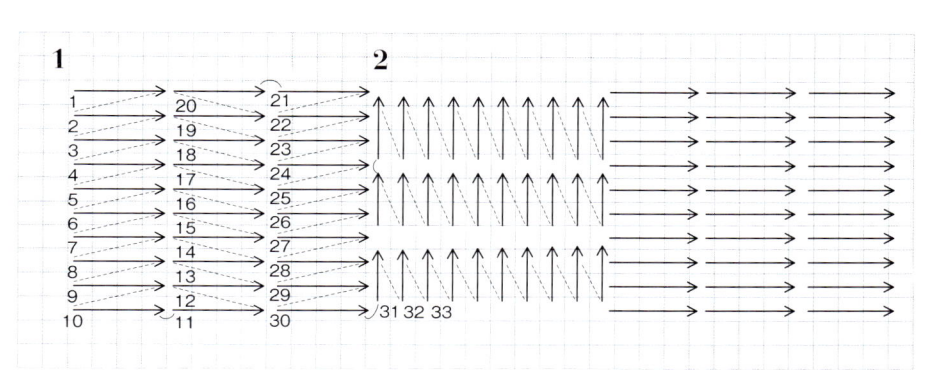

H

1 織り糸の間を左から右に3本一緒に10回巻き、3列往復に繰り返します。
2 織り糸の間を下から上に3本一緒に10回巻き、3列往復に繰り返します。

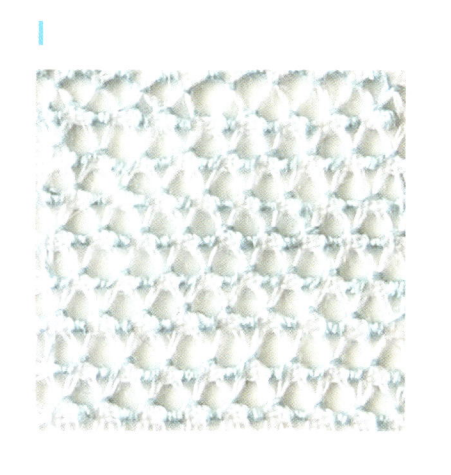

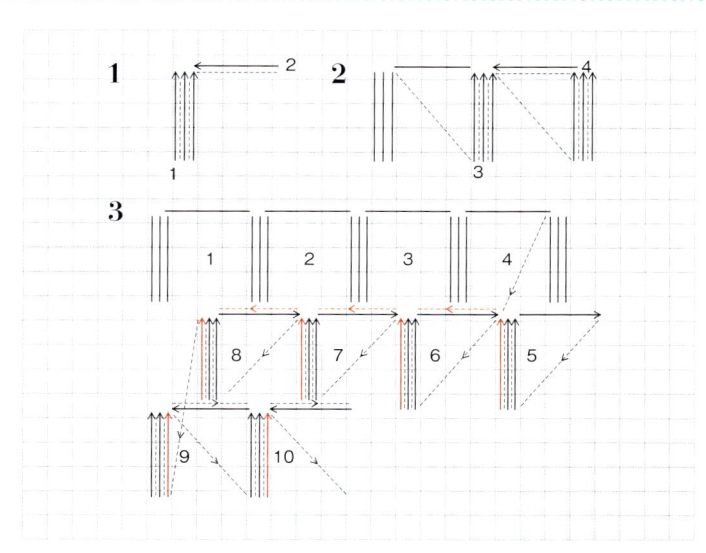

I

1 下から上に4本一緒に3回巻く。3回目は上裏に針を入れ4本先に出してもどるように1回巻きます。
2 4本先に針を出し、1を繰り返します。
3 図を参照して段を移します。

スペイン刺しゅう・カットワーク・アップリケ・縁飾り

■ スペイン刺しゅう

■ カットワーク

■ アップリケ

■ 縁飾り

刺しゅうの種類は大変多く、さまざまな名前がついています。技法を中心に紹介してきましたが、実はそれが発生した国や地方の名前を冠したものも多いのです。「布目を数えて刺す刺しゅう」のアッシジ刺しゅう、ハーダンガー刺しゅうもその一つです。「スペイン刺しゅう」は、独特の色使いとデザインに人気があり、初心者にも楽しめる刺しゅうです。また、「カットワーク」はステッチで囲った中の布を切り取る、ほかにはない手法。この章では、知っておくと便利なアップリケのステッチのバリエーションや縁飾りの方法もともに紹介します。

Spanish embroidery

スペイン刺しゅう

マジョルカ刺しゅう
Majorca embroidery

スペインは異文化の交流地点。刺しゅうの分野でもさまざまな技法が取り込まれ、独自の発展を遂げました。各地で伝統的な刺しゅうが伝承されていますが、グラデーションの色使いが美しい「マジョルカ刺しゅう」と図案のユニークな「ラガルテラ刺しゅう」を紹介します。

S=ステッチ
ステッチの後の数字は色番号(DMC)
※糸は全て3本どり

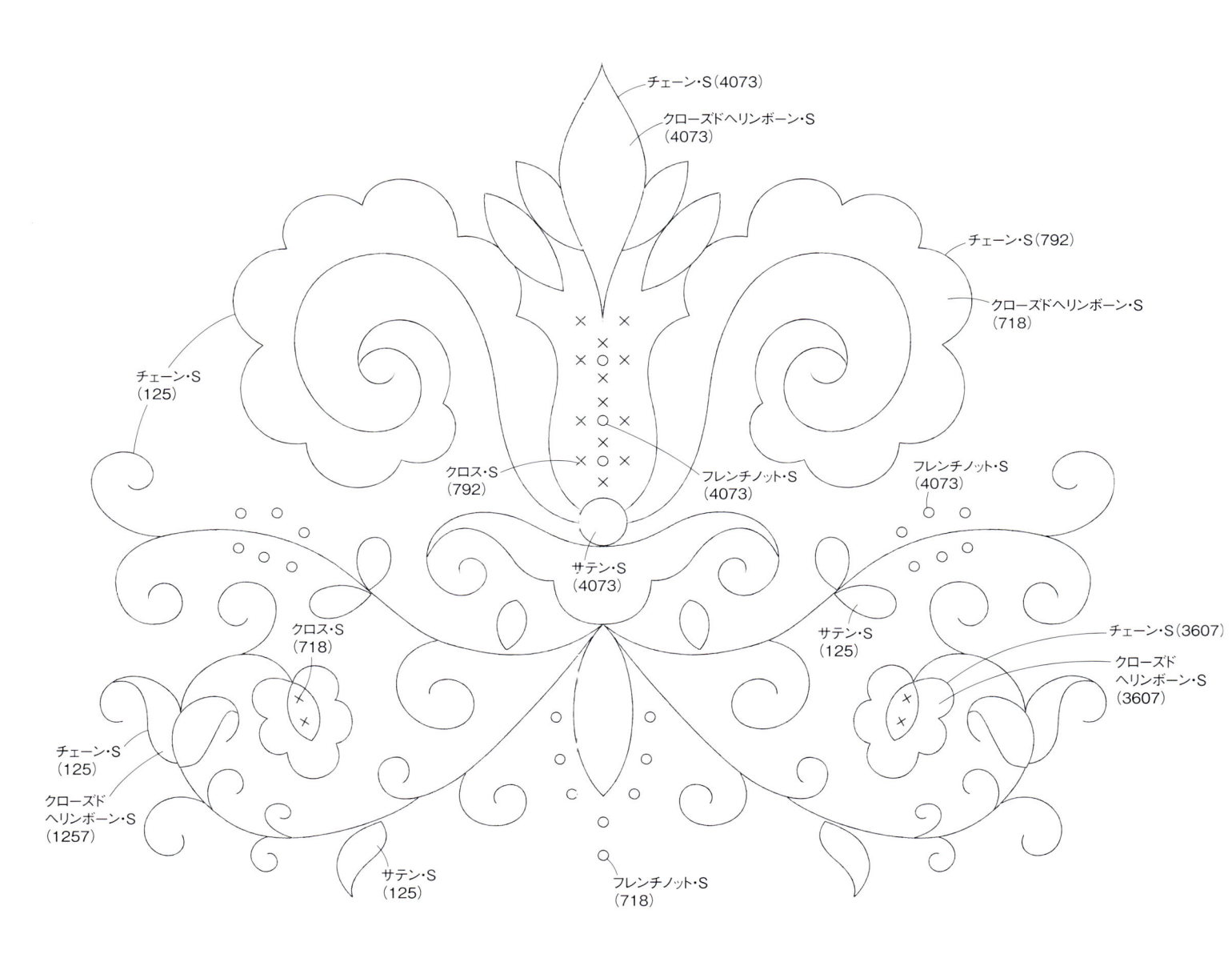

- チェーン・S(4073)
- クローズドヘリンボーン・S(4073)
- チェーン・S(792)
- クローズドヘリンボーン・S(718)
- チェーン・S(125)
- クロス・S(792)
- フレンチノット・S(4073)
- フレンチノット・S(4073)
- サテン・S(4073)
- クロス・S(718)
- サテン・S(125)
- チェーン・S(3607)
- クローズドヘリンボーン・S(3607)
- チェーン・S(125)
- クローズドヘリンボーン・S(1257)
- サテン・S(125)
- フレンチノット・S(718)

Spanish embroidery

マジョルカ刺しゅうの刺し方

● マジョルカ刺しゅうは、西地中海に浮かぶマジョルカ島に伝わる刺しゅう。模様のデザインや色が特徴的で、技法の基本はチェーン・ステッチとクローズドヘリンボーン・ステッチの二つです。

● チェーン・ステッチで囲まれた図案の中をチェーン・ステッチの内側の1本をすくってクローズドヘリンボーン・ステッチで埋めていきます。まわりにその他のステッチで飾りをプラスしたりします。

サンプラーの刺し方

使用した布　麻布（カシェル）　白
使用した糸　25番刺しゅう糸　ピンク（DMC718）、薄ピンク（DMC 3607）、青（DMC792）、緑（DMC125、段染め）、カーキ色（DMC4073）　全て3本どり

1 図案を布に写す

132ページを参照して布に図案を写します。

2 チェーン・ステッチ（38ページ参照）で図案の輪郭を刺す

図案の中央から刺し始める。刺していくラインの少し先から針を入れ、小さく一針返し、スタート位置に針を出して刺し始めます。

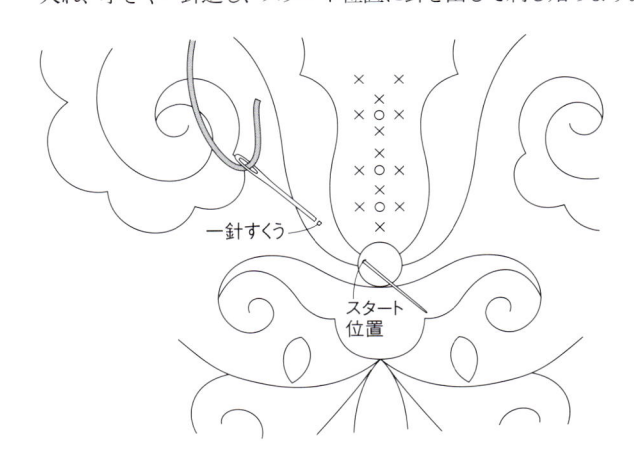

一針すくう
スタート位置

3 輪郭の内側をうめる

チェーン・ステッチの内側の1本をすくってクローズドヘリンボーン・ステッチ（54ページ参照）でうめます。

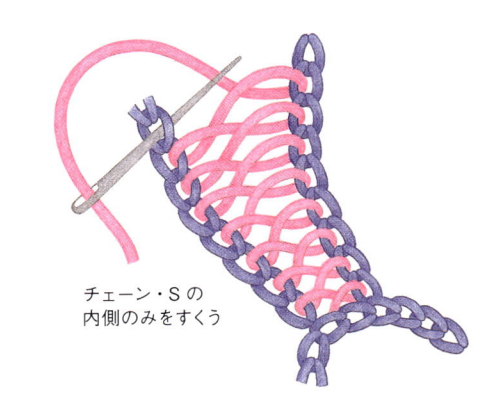

チェーン・Sの内側のみをすくう

4 飾りを刺す

まわりにクロス・ステッチ（72ページ参照）、フレンチノット・ステッチ（32ページ参照）で飾りをほどこします。

117

ラガルテラ刺しゅう
Lagartera embroidery

Spanish embroidery

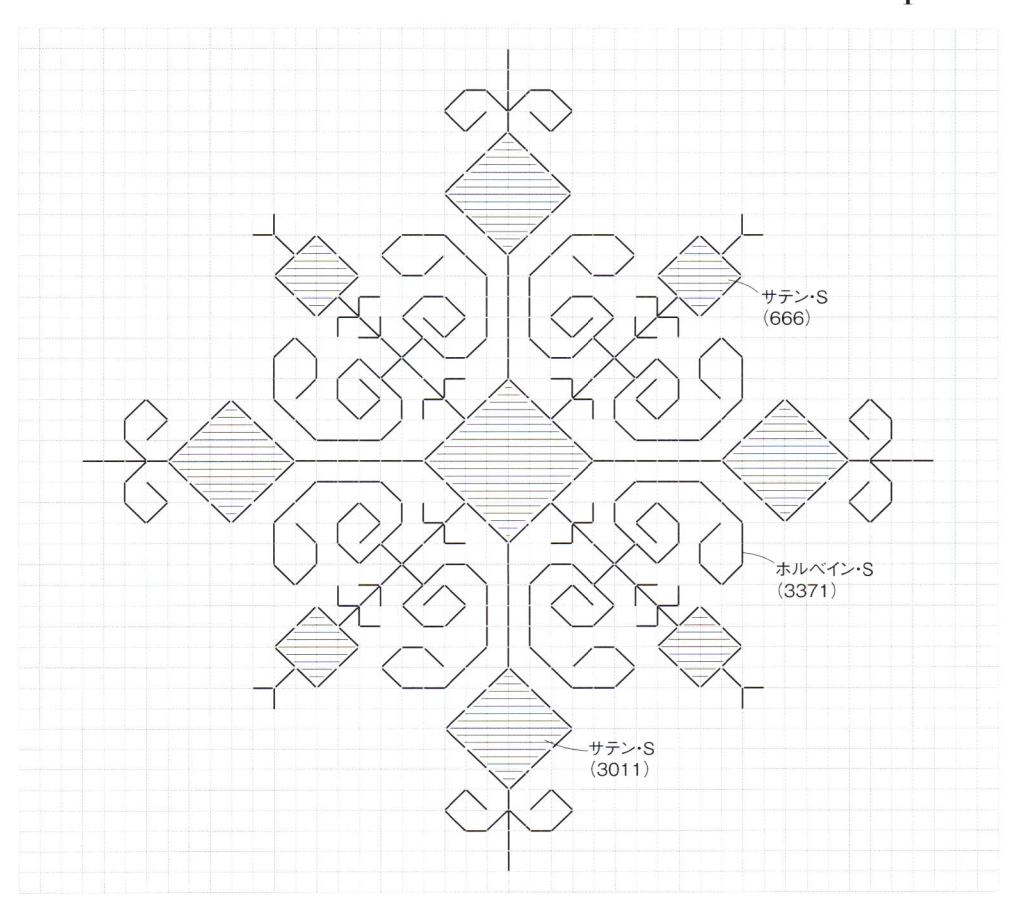

サテン・S
(666)

ホルベイン・S
(3371)

サテン・S
(3011)

ラガルテラ刺しゅうの刺し方

● スペインのラガルテラ地方に伝わる刺しゅう。マジョルカ刺しゅうと同様、図案の面白さと色使いの楽しさが特徴です。また、糸を抜いてかがる透かし模様をプラスした表現(118ページ下)も多く使われています。

● 刺し方はホルベイン・ステッチ(84ページ参照)とサテン・ステッチ(26ページ参照)の二つのステッチが基本となります。

サンプラーの刺し方

使用した布　1cm四方　11×11本の平織り布(ルガノ)
使用した糸　25番刺しゅう糸　こげ茶(DMC3371)、緑(DMC3011)、赤(DMC666)　全て3本どり

刺し方順序
1 布の下準備をします。織り目にそって裁った布のまわりを、しつけ糸でかがり、
　中心から上下、左右に織り糸3本ずつをすくって刺し、図案のガイドラインを作ります(130ページ参照)。
2 図案を参照して図案の中央部分よりホルベイン・ステッチ(84ページ)で刺します。
3 ホルベイン・ステッチで囲まれた部分をサテン・ステッチ(26ページ参照)で刺しうめます。

Cutwork

カットワーク

120

切り抜き刺しゅうとも呼ばれ、図案をボタンホール・ステッチで囲み、内側を切り抜いてレース模様を作る手法です。
大きく切り抜くときは間に糸のバーを渡すこともあります。本来は白い土台布に白糸で刺すもので、優雅で上品な趣きは、
古くから貴族や多くの人々に愛されてきました。まずはポーチ、替ええり、枕カバー、ハンカチなど、身近なアイテムに施してみましょう。

S=ステッチ
※糸の色番号5200(DMC) 3本どり

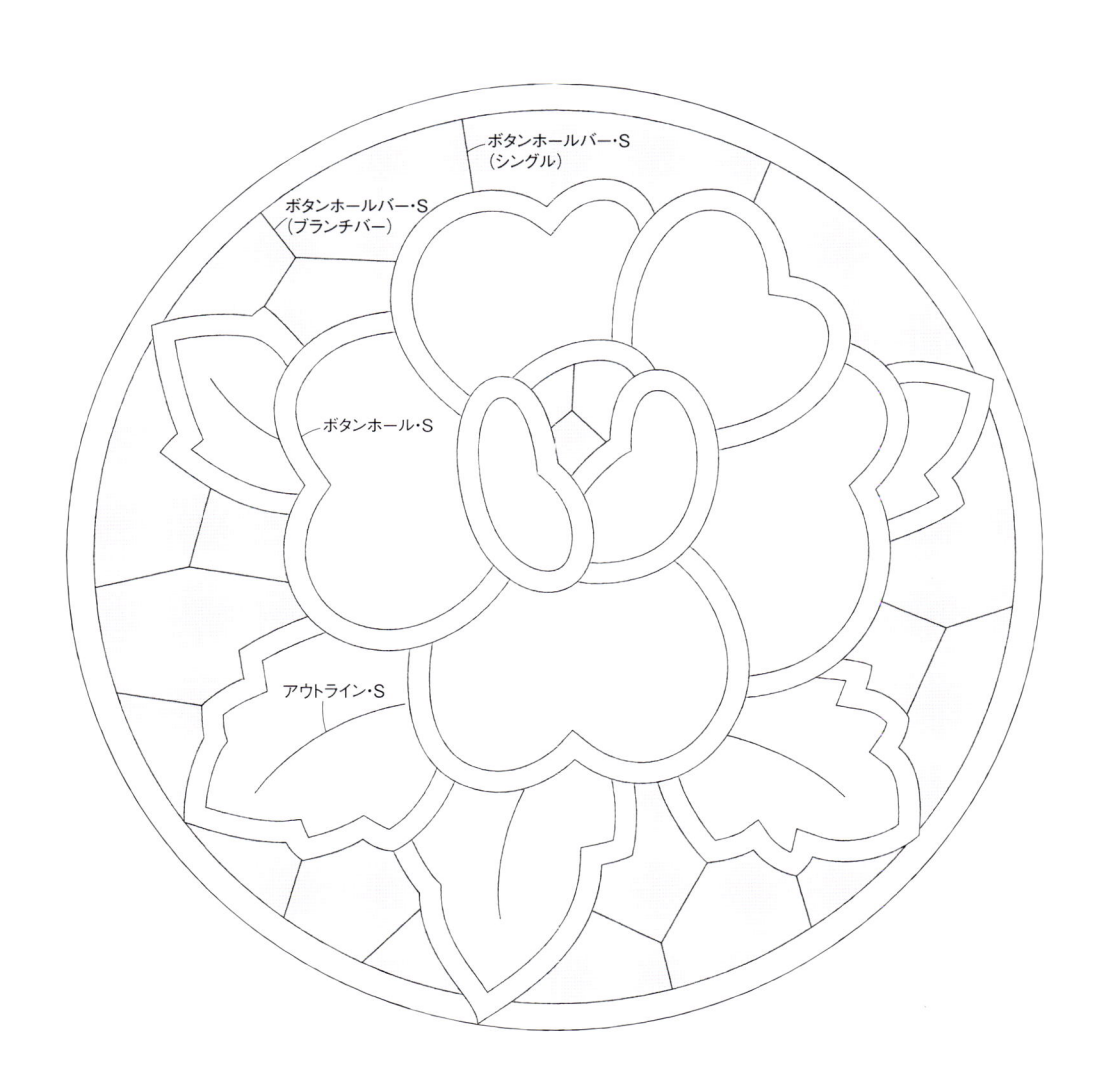

ボタンホールバー・S
(シングル)

ボタンホールバー・S
(ブランチバー)

ボタンホール・S

アウトライン・S

Cutwork

カットワークの刺し方

● カットワークは図案のまわりをボタンホール・ステッチで囲み、ステッチにそって部分的に布をカットしていきます。ボタンホール・ステッチの幅はデザインによって変えます。また、布、糸、針は表現したいものに合わせて選びます。

● 布は、洗濯にも耐えうるように目のつんだほつれにくい麻、木綿を選びます。絹や綿ローンなどを使用する場合には、糸や針も細くして繊細な表情に仕上げます。

● 糸は、25番刺しゅう糸(必要に応じて何本か合わせて使用)、コットンアブローダーなどが向きます。アブローダーは、太いものから細いものまでいろいろあり、1本どりで刺す糸でデザインによって糸の太さを選びます。

● 針は、フランス刺しゅう針が適します。

サンプラーの刺し方

使用した布　麻布(クラッシー)
使用した糸　25番刺しゅう糸　白(DMC5200)3本どり

刺し方順序

1. 121ページの図案を写します(132ページ参照)。
2. 図案線の中央にランニング・ステッチで下刺しをし、下刺しが見えないようボタンホール・ステッチですき間なく図案線をかがります。このときステッチの頭が布をカットする側にくるようにします。
3. かがり方順序を参照し、刺し終わったら、葉の葉脈のアウトライン・ステッチを刺します。
4. ボタンホール・ステッチで囲まれた部分をカットします。
5. カットした中を図を参照してかがります。

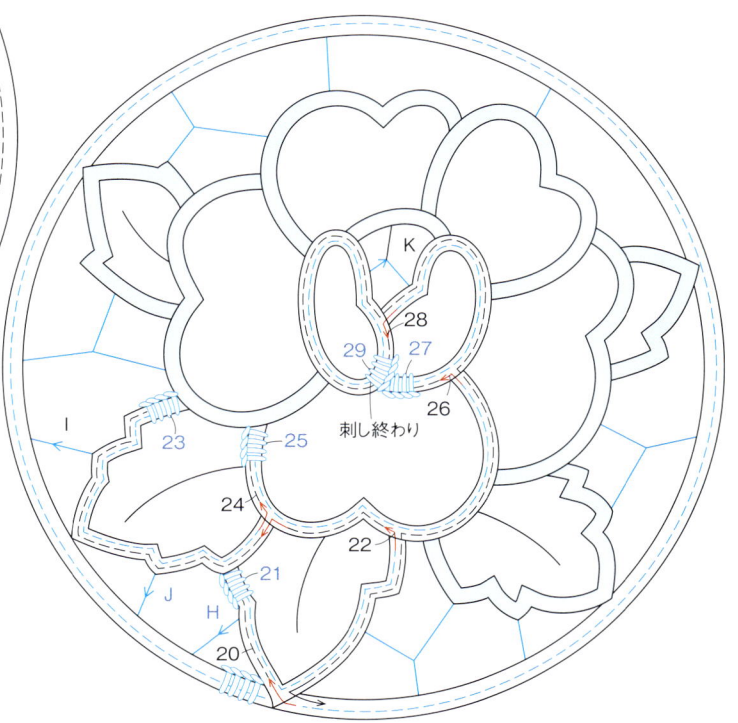

かがり方順序

糸玉を作り、刺し始めより少し離れたところより針を入れ、刺し始めに出します。途中カットワークバー(A〜J)をかがりながら進めます。

基本のステッチ

ランニング・ステッチ（12ページ参照）
輪郭の刺し幅の中央に下刺しとして刺します。

ボタンホール・ステッチ（60ページ参照）

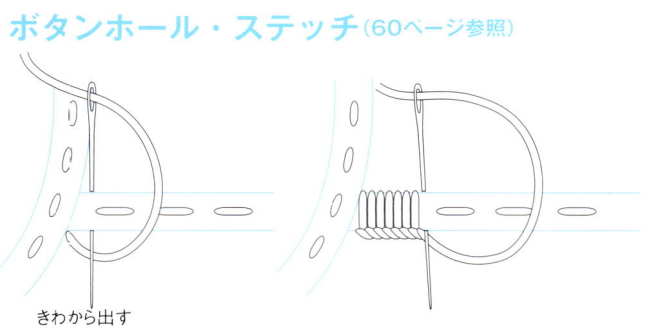

きわから出す

鋭角に刺す
同じ針目に3回入れ、扇形になるように刺す。 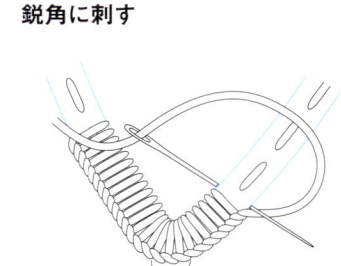

カーブを刺す 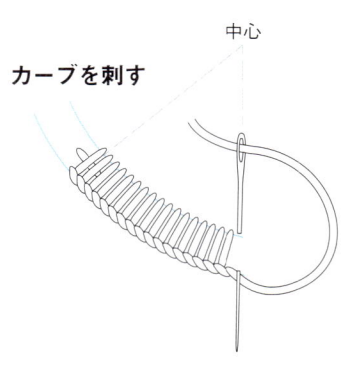
中心
カーブの中心に向かって針目がそろうようにする。

糸のつぎ方
短くなった糸をすでに刺した針目にくぐらせ、ゆるみを残した状態で休める。

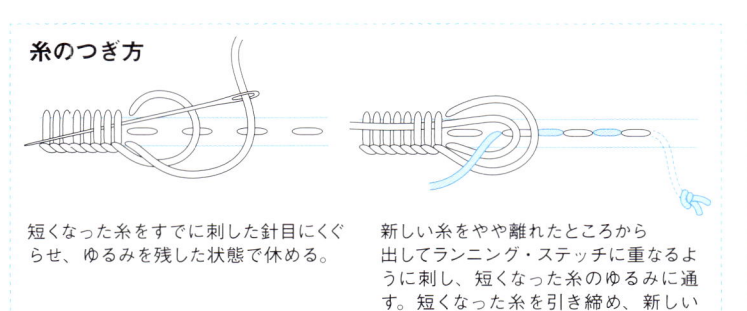

新しい糸をやや離れたところから出してランニング・ステッチに重なるように刺し、短くなった糸のゆるみに通す。短くなった糸を引き締め、新しい糸で続けて刺し進む。

刺し終わり
（表）　（裏）

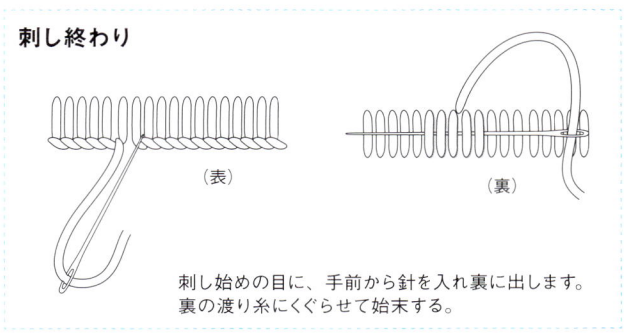

刺し始めの目に、手前から針を入れ裏に出します。裏の渡り糸にくぐらせて始末する。

ボタンホールバー・ステッチ

切り抜く部分は、バーを渡して支えとします。バーを渡す位置にきたら、すでに刺された向う側のボタンホール・ステッチに糸を渡し、渡した糸をしんにしてボタンホール・ステッチをします。しんとなる渡す糸は仕上がりの太さによって1回または3回渡します。

シングルバー
1　2

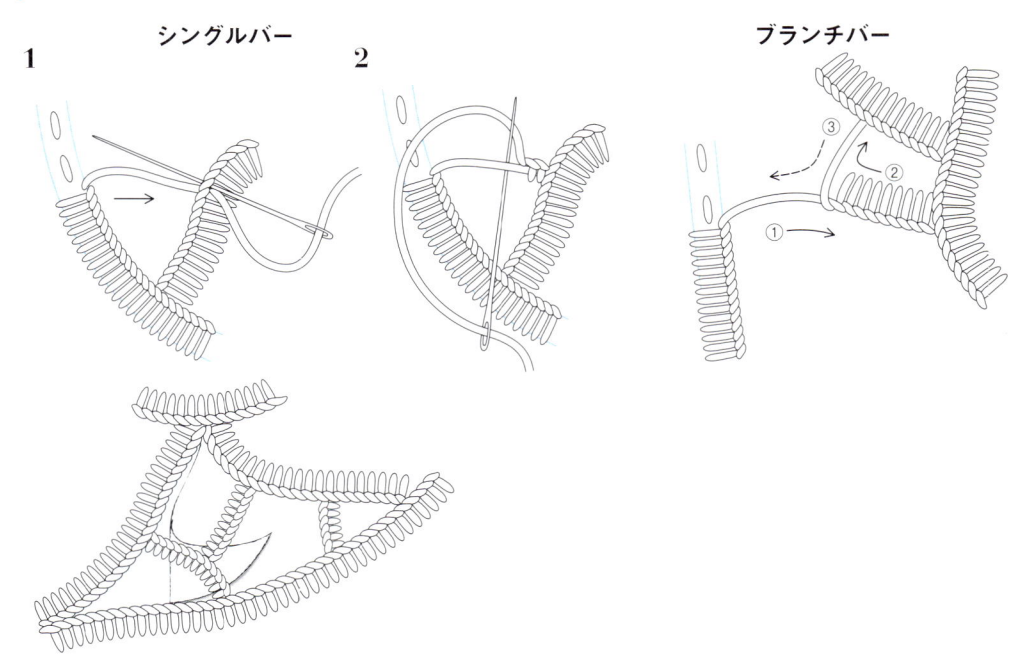

ブランチバー
① ② ③

カットの仕方
先のとがったはさみを使用して、ボタンホール・ステッチのきわから布をカットします。刺した糸を切らないよう注意します。ボタンホール・ステッチの両側をカットする場合はダブルボタンホール・ステッチにします。

Applique Variation

アップリケのバリエーション

124

アップリケとは、土台となる布にいろいろな形や、柄の布を重ねて縫いとめたり、貼りつけたりする技法です。
刺しゅうのステッチでとめると、実用性だけでなく、デザインの一部として楽しめます。
ボタンホール・ステッチやヘリンボーン・ステッチなど、アップリケに向くステッチをいくつか紹介します。

S＝ステッチ
ステッチの後の数字は色番号　③は3本どり
※糸は花糸（OOE）　指定以外は全て2本どり

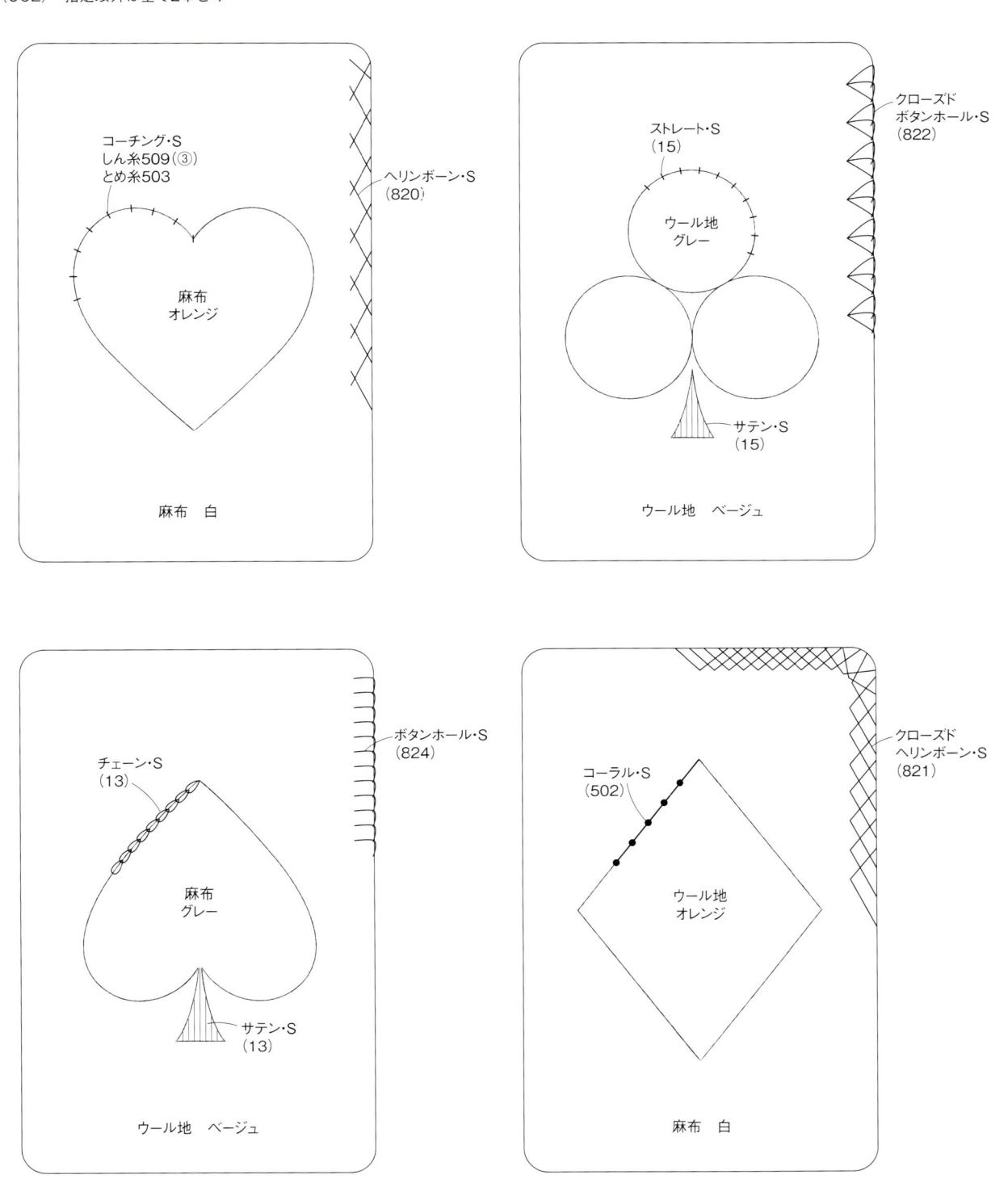

コーチング・S
しん糸509（③）
とめ糸503

麻布
オレンジ

ヘリンボーン・S
（820）

麻布　白

ストレート・S
（15）

ウール地
グレー

クローズド
ボタンホール・S
（822）

サテン・S
（15）

ウール地　ベージュ

チェーン・S
（13）

麻布
グレー

ボタンホール・S
（824）

サテン・S
（13）

ウール地　ベージュ

コーラル・S
（502）

ウール地
オレンジ

クローズド
ヘリンボーン・S
（821）

麻布　白

Edging

縁飾り

[A]

[B]

[C]

[D]

[E]

[F]

[G]

刺し上がった作品の縁まわりにかがりを施して仕上げるといっそう作品が引き立ちます。
作品の縁のほかにもいろいろな布端を始末するのに利用できる縁飾りの方法をいくつか紹介します。

ボタンホール・ステッチの縁飾りのかがり

[A]

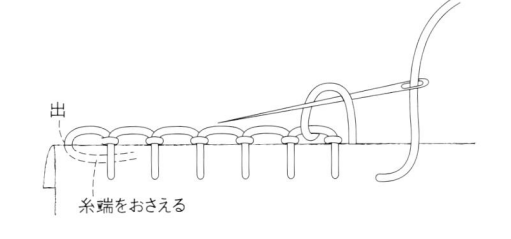

1 布を折りボタンホール・ステッチをします。

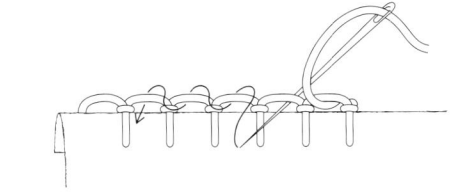

2 端までいったらできたボタンホール・ステッチの上のループに後ろから手前に巻き付けながら戻ります。

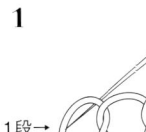

[B]

1 [A]と同様にかがります。できたループをすくってボタンホール・ステッチの要領で2回かがり、1つめのループに後ろから針を入れます。

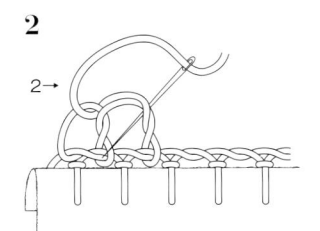

2 二つめのループに後ろから針を入れ、できたループに後ろから針を入れてひとかがりします。

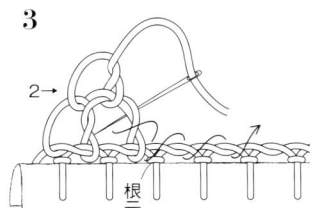

3 二つめのループにもう一度針を入れ、根元に戻ってひとかがりします。

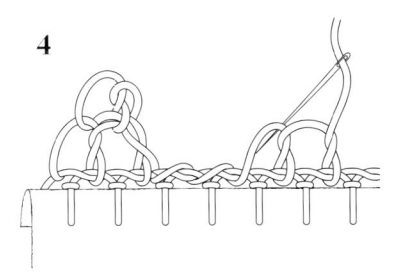

4 さらに次のループをひとかがりして、1〜3を繰り返します。

[C]

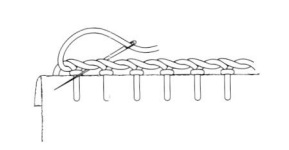

1 [A]と同様にかがる。続けて一目かがります。

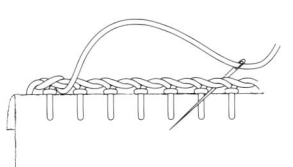

2 6目先に後ろから針を入れ。ループ分のゆとりをみて2往復します。

3 渡った4本の糸をしんにしてボタンホール・ステッチの要領かがっていきます。

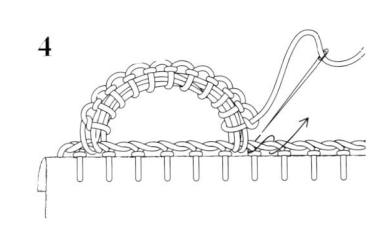

4 根元に針を入れてとめ、1〜3を繰り返して進めます。

Edging

[D] クローズドボタンホール・ステッチの縁飾り（62ページ参照）

1 （裏） 三つ折りにする

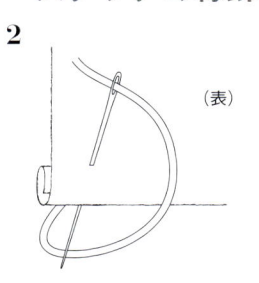

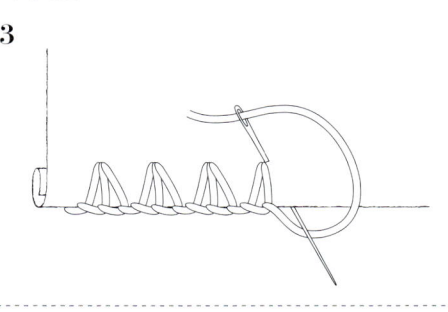

2 （表）

3

[E] ヘム・ステッチの縁飾り

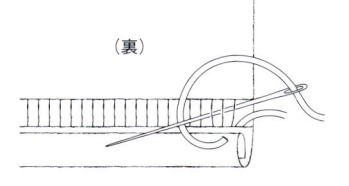

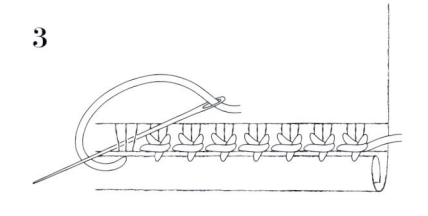

1 （裏）
折り端になる部分の織り糸1本を抜いて端を三つ折りにします。

2
後ろより、2本目の織り糸の下方に糸を出し、織り糸3本をすくってかがり引き締めます。

3
2本先の根元に針を入れて 2 を繰り返します。

[F] 四方かがり（フォーサイド・ステッチ）の縁飾り

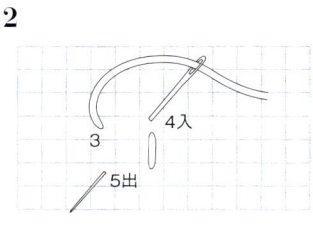

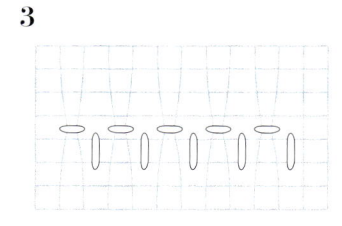

1 3出 2入 1出

2 3 4入 5出

3
1～3の順に折り山を四方かがりの要領でまとめます。

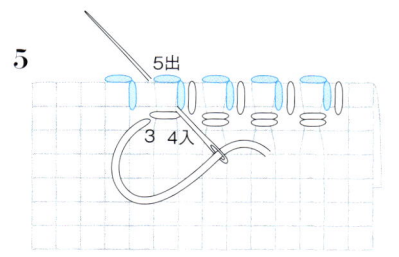

4 1出 3出 2入

5 5出 3 4入

3のかがりの端を二つに折り、4～5のように引き締めながら折り山をかがりとめます。

[G] チェーン・ステッチの飾りの縁飾り

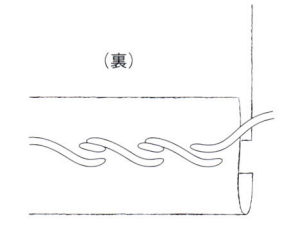

1 （表） （裏）
かがる箇所の織り糸を1本抜き、布端を折り上げて2枚の布を重ね、抜いた織り糸部分を2回ずつ巻きます。

2 （表）
1 でかがったすぐ上をチェーン・ステッチでかがりとめます。布端に厚みが出ずに仕上げることができます。

知っておきたい
刺しゅうの基礎

刺しゅう作品をよりきれいに仕上げるために、知っておきたい基本があります。あると便利な用具のこと、布や糸の選び方、糸の通し方、糸端の始末など、ぜひ参考にしてください。

必要な用具、あると便利な用具

刺しゅう針

写真左　6本　フランス刺しゅう針
写真右　2本　クロス・ステッチ針

もっともよく使われるのが「フランス刺しゅう針」で、3番から10番まであります。縫い針よりも針穴が大きくて糸が通しやすく、先はとがっています。「クロス・ステッチ針」は先が丸く、布割れしません。針の番号は、いずれも数字が小さいほど太く、大きくなるにつれて細くなるので、布地の厚さ、糸の太さによって使い分けます(131ページ参照)。

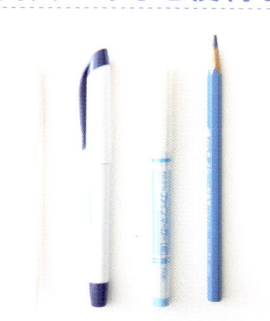

複写用筆記道具

写真左から、トレーサー（骨筆）、水で消えるマーカーA、水で消えるマーカーB、熱転写ペンシル

「骨筆」は文字通り牛骨でできた刺しゅう用トレーサー。布地、チャコペーパー、図案の順に重ね、上から図案をなぞるときに使います。先端は鉛筆削りで削ることができるので好みの太さになりますが、書けなくなったボールペンなどでも代用できます。「水で消えるマーカー」は、作業の途中で自然に消えてしまうことはなく、水をつけることで消えるタイプ。布地に直接描くときに便利。「熱転写ペンシル」は、アイロンを当てることで図案が布地に転写できます。

手芸用複写紙など

写真左から　ソフト・トレーシングペーパー、チャコペーパー（片面チャコ）、トレーシングペーパー

刺しゅうしたい図案を布に描くときに使います。一般には、まずは元になる図案を「トレーシングペーパー」に写します。布地の上に「チャコペーパー」、トレーシングペーパーの順に重ね、セロファンで図面を保護してトレーサーでなぞります。「ソフト・トレーシングペーパー」は、間に複写紙を挟まずに専用のチャコペン（水で消えるマーカーB）で描ける便利なものです。

はさみ

刺しゅうの布地を切るための「裁ちばさみ」と、糸を切るなど細かい作業をする「糸切りばさみ」の2種類があると便利です。小型のはさみは先端が細く長いものが使いやすいでしょう。

刺しゅう枠

一般には丸枠を使います。丸枠のサイズは直径10〜30cmといろいろですが、ポイント刺しゅうなどには直径10〜15cmの小ぶりのものが使いやすいでしょう。写真はネジつきタイプで、布の厚さに合わせてネジで調節します。ネジなしのものは枠にテープなどを巻いて調節しましょう。布地をぴんと張ることで、ぐっと刺しやすくなります。

▲まずネジをゆるめて内枠と外枠に分ける。図案を描いた布地の下に内枠を入れ、布目がゆがまないように縦横にぴんと張って外枠をはめ、ネジを調節しながら締める。

刺しゅうに向く布地

クラッシー
麻布 「自由に刺す刺しゅう」のステッチとサンプラー、カットワークに使用

カシェル
麻布 1cm四方11×11本 クロス・ステッチ ダーニングワーク ドロンワークなどに使用

ルガノ
綿布 1cm四方11×11本 ブラックワーク アッシジ刺しゅう ラガルテラ刺しゅうに使用

コーク（コングレス）
麻布 1cm四方8×8本 ハーダンガー刺しゅうに使用

ゼンガーリネン
麻布 1cm四方12×12本 アジュール刺しゅうに使用

抜きキャンバス
クロス・ステッチなどに使用

- 「自由に刺す刺しゅう」は、慣れてくれば刺しゅう針が通りやすい生地なら、どんなものにも刺すことができますが、初めて作品を刺す方は、縦横の布目がそろった平織りの麻布や綿布が刺しやすく、仕上がりもきれいです。
- 「布目を数えて刺す刺しゅう」は織り糸を数えながら刺す必要があるので、1cmあたりの糸の本数がポイントになります。初心者には1cmあたり8〜12本程度が刺しやすいでしょう。

- 織り糸の数えにくい生地にクロス・ステッチなどを刺したいときは、「抜きキャンバス」を使います。布に抜きキャンバスをのせてしつけ糸でとめ、上から図案を刺します。刺し終えてからキャンバス地の織り糸を抜き取ると、刺しゅうだけが残ります。

*輸入生地には○カウントの表記が見られます。これは1インチ（約2.5cm）四方あたりの織り糸の本数を表わしています（25カウント＝1cm四方10×10本　28カウント＝1cm四方11×11本）。

布地の下準備

ほつれやすい布は縁をしつけ糸で巻きかがります。かがり終えたら布の裏からスチームアイロンをかけて布目を整えておくと刺しやすくなります。

「布目を数えて刺す刺しゅう」の場合は、縁に巻きかがりをしたあと、中心を決め、織り糸を数えながら（3本おき、4本おきなど）縦横にしつけをかけます（90ページ参照）。そこをガイドラインとして左右上下に目を数えていきます。

▲**しつけ糸**
白や生成りのしつけ糸は「しろも」、青色、ピンク、黄色などは「いろも」と呼ばれる。洋裁の糸だが、布の縁をかがったり、印をつけたりと、刺しゅう用としても準備したい糸。

刺しゅう糸の選び方

❶ 25番刺しゅう糸　木綿
❷ 花糸(つや消しの刺しゅう糸)　木綿
❸ アブローダー16番　木綿
❹ 8番刺しゅう糸　木綿
❺ 5番刺しゅう糸　木綿
❻ ラメ糸(銀糸)　ポリエステル＋レーヨン

フランス刺しゅう糸として売られている糸は一般には木綿糸です。もっとも使われるのは25番、5番の刺しゅう糸で、色数は驚くほど豊富です。糸番手(糸の細さの番号)は国内のメーカーは共通で、番号が大きくなるほど糸は細くなります。ただし色番はメーカーごとに異なり、同じような色でも微妙に色調が違うので注意しましょう。

25番刺しゅう糸は、6本の細い糸をゆるくより合わせてあります。布の厚さやステッチに合わせて必要な本数を引きそろえて使います(132ページ参照)。5番刺しゅう糸は、25番より太い甘よりの刺しゅう糸で、1本で刺しても存在感が出ます。「アブローダー」はドロンワークなど「白糸刺しゅう」にもよく使われる上質の甘よりの糸です(本書では25番刺しゅう糸を使用)。

ほかにも花糸(つや消しの糸)、金、銀のラメ糸、グラデーションカラーの糸など、種類も色も豊富です。

糸のラベルは捨てない！

ここから引き抜く

束になっている刺しゅう糸は、まず束からラベルをはずします。葉書などの硬めの紙で糸巻きを作り、ラベルを貼りつけてから糸を巻いておきます。または、輪の1か所を切って糸の束にラベルを通しておき、山のほうから抜いて使います。いずれもラベルは決して捨てないこと。同じメーカーでも1番違うだけで色味が違ってしまいます。

布地と針と糸のつり合い

布地の厚さ	フランス刺しゅう針	刺しゅう糸（糸番手）
厚めの布地	3〜5番	25番5〜6本どり　5番1本
中くらいの布地	4〜6番	25番3〜5本どり　5番1本
薄めの布地	7〜10番	25番1〜2本どり

刺しゅう糸の扱い方

もっとも一般的な25番刺しゅう糸は、細い糸が6本合わさった木綿糸です。図案の中に「○本どり」(①、②など)と表記があるときは、必要な本数を1本ずつ抜き、そろえて使います。本書では「25番2本どり」を基本としています。

刺しゅう糸の引きそろえ方

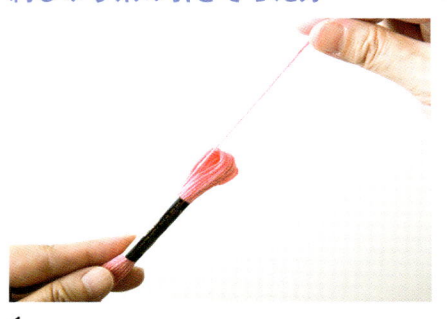

1 ラベルの近くを押さえ、糸端をつまんで6本のまま引き抜き、使いやすい長さ(自分の肩幅程度が目安)に切ります。

2 切った端から、細い糸を1本ずつ引き抜きます。

3 必要な本数を引き抜いたら、糸端をそろえてまとめます。6本どりの場合も必ず1本ずつ抜いてそろえてから使います。

刺しゅう糸の通し方

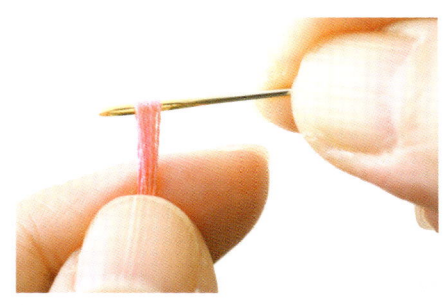

1 糸の端を針穴の側面を使って二つ折りにし、平らに押さえて針をスッと抜きます。

2 つぶした糸の山の部分を針穴に押し通します。

図案の写し方

いろいろな方法がありますが、ここでは手芸用の複写紙を使った失敗のない方法を紹介します。

1 まず、図案の上にトレーシングペーパーをのせて鉛筆で写します。下準備をした布地の上にチャコペーパーをのせ(チャコのついた面を布側に)、図案を描いたトレーシングペーパーをのせて待ち針でとめます。

2 図案の上に透明のセロファンをのせ、上から骨筆などのトレーサーで図案の線をなぞります。セロファンは図案の破損を防ぐ役目です。

3 セロファン、トレーシングペーパー、チャコペーパーをはずします。これで布地に図案が描けました。

※チャコペーパーやチャコペンなどの詳しい扱い方は、各商品の解説を参考にしてください。

始めと終わりの糸端の始末

線を刺す場合

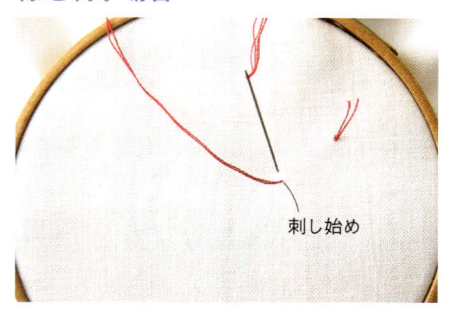

1 図案の刺し始めの位置から7cmほど離れたところに糸玉を作った針を入れ、始めの位置に針を出し、ステッチを刺し始めます。

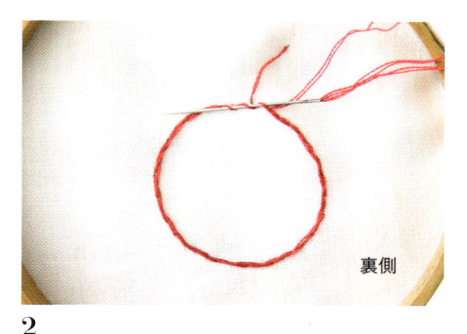

2 刺し終えたら針を裏側に出し、渡っている糸2～3目にくぐらせ、たるまないように糸を引いてから切ります。表の糸玉は、全部刺してから切り、裏に糸をくぐらせます。

面を刺す場合

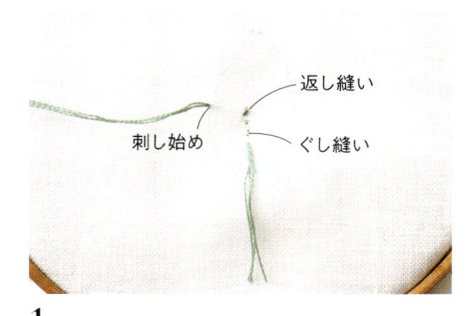

1 図案の少し内側に表から針を入れ、ぐし縫いで中心まで進み、一針返し縫いをして刺し始めに針を出します。糸端は7cm残します。

2 中央から半分の面を刺します。先端まで刺し終えたら針を中央に戻し、向きを変えて残り半分を刺します。

3 全部刺し終わったら裏側に針を出し、渡っている糸にくぐらせて糸を切ります。出だしの糸も針に通して裏に出して切ります。

刺しゅう作品の仕上げ

アイロンのかけ方

アイロンをかける前にチャコの線を消しておきます。アイロン台にバスタオルなどを敷き、きれいな白い布をのせて刺しゅうの面を下にして置き、霧を吹いて裏から布に合わせた温度でアイロンをかけます。バスタオルは刺しゅうがつぶれないためのクッションになります。刺しゅう作品にはスチームアイロンは不向きなので必ずドライでかけましょう。
「布目を数えて刺す刺しゅう」の場合は、刺し終えたらキーピングなどでのりづけして乾かし、アイロンで布目を整えるようにします。

布の縁の仕上げ方

ハンカチ、ナプキン、テーブルセンター、カフェカーテンなどで用いる布端の仕上げ方を紹介します。「額縁仕立て」と呼ばれるもので、四角い布の角を少し切って折りたたみ、順にまつる方法です。覚えておくと重宝します。

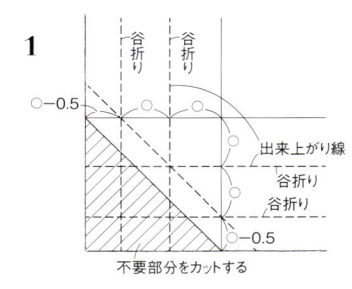

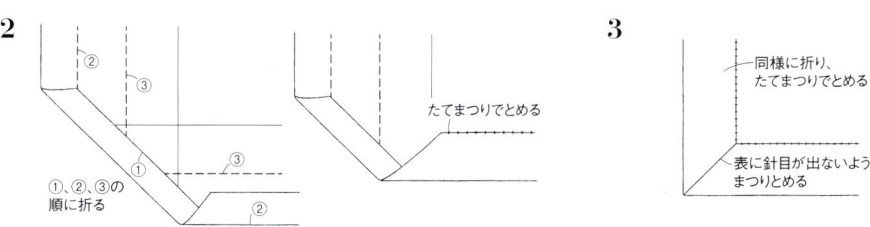

「かわいいワンポイント刺しゅう」の図案

S=ステッチ
ステッチ名の後の数字は色番号
※糸は25番刺しゅう糸（アンカー）　全て2本どり

「美しいアルファベットと雪模様」の図案

S=ステッチ
ステッチ名の後の数字は色番号
※糸は25番刺しゅう糸、ラメ糸(共にアンカー)
　②は2本どり　④は4本どり

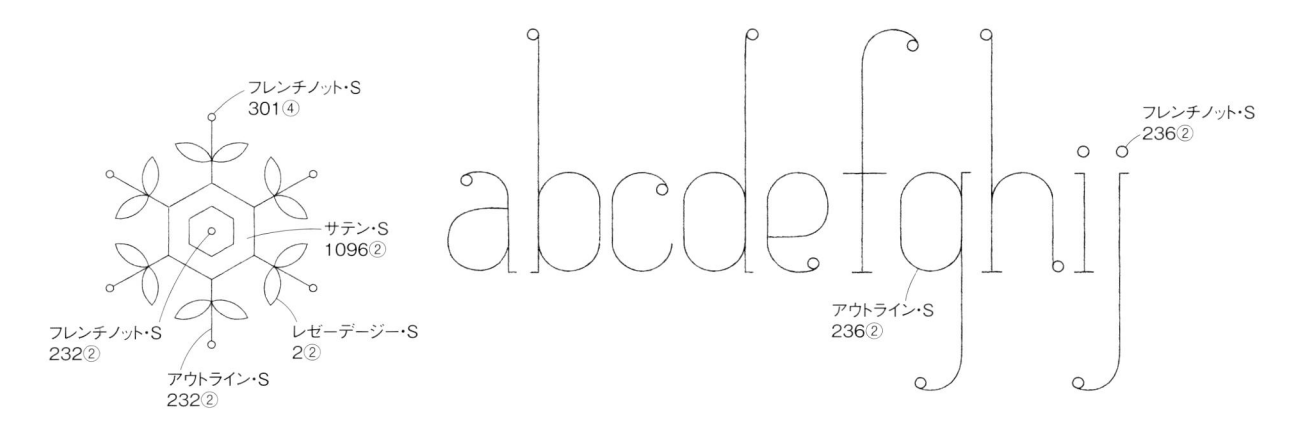

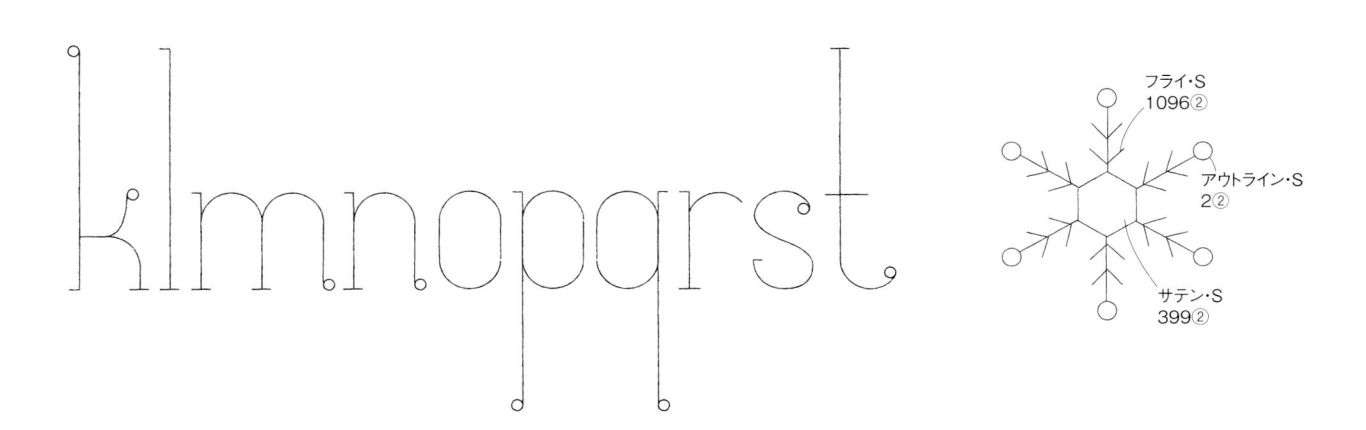

フレンチノット・S
301④

サテン・S
1096②

フレンチノット・S
232②

アウトライン・S
232②

レゼーデージー・S
2②

フレンチノット・S
236②

アウトライン・S
236②

abcdefghij

klmnopqrst

フライ・S
1096②

アウトライン・S
2②

サテン・S
399②

フライ・S
234②

フレンチノット・S
399②

バック・S
301④

uvwxyz

135

「花と葉っぱのバリエーション」の図案

S=ステッチ
ステッチ名の後の数字は色番号
※糸は花糸(OOE)　指定以外は1本どり

アウトライン・S
707

バック・S
707

アウトライン・S
712

チェーン・S
711

アウトライン・S
712

チェーン・S
714

アウトライン・S
714

バック・S
714

アウトライン・S
714

ロング&
ショート・S
702

アウトライン・S
711

バック・S
714

バック・S
701

チェーン・S
701

バック・S
200

チェーン・S
200

アウトライン・S
701

バック・S
701

アウトライン・S
714

アウトライン・S
701

アウトライン・S
200

フレンチノット・S
715　2本どり

アウトライン・S
200

アウトライン・S
711

バック・S
701

ボタンホール・S
712

アウトライン・S
711

アウトライン・S
200

136

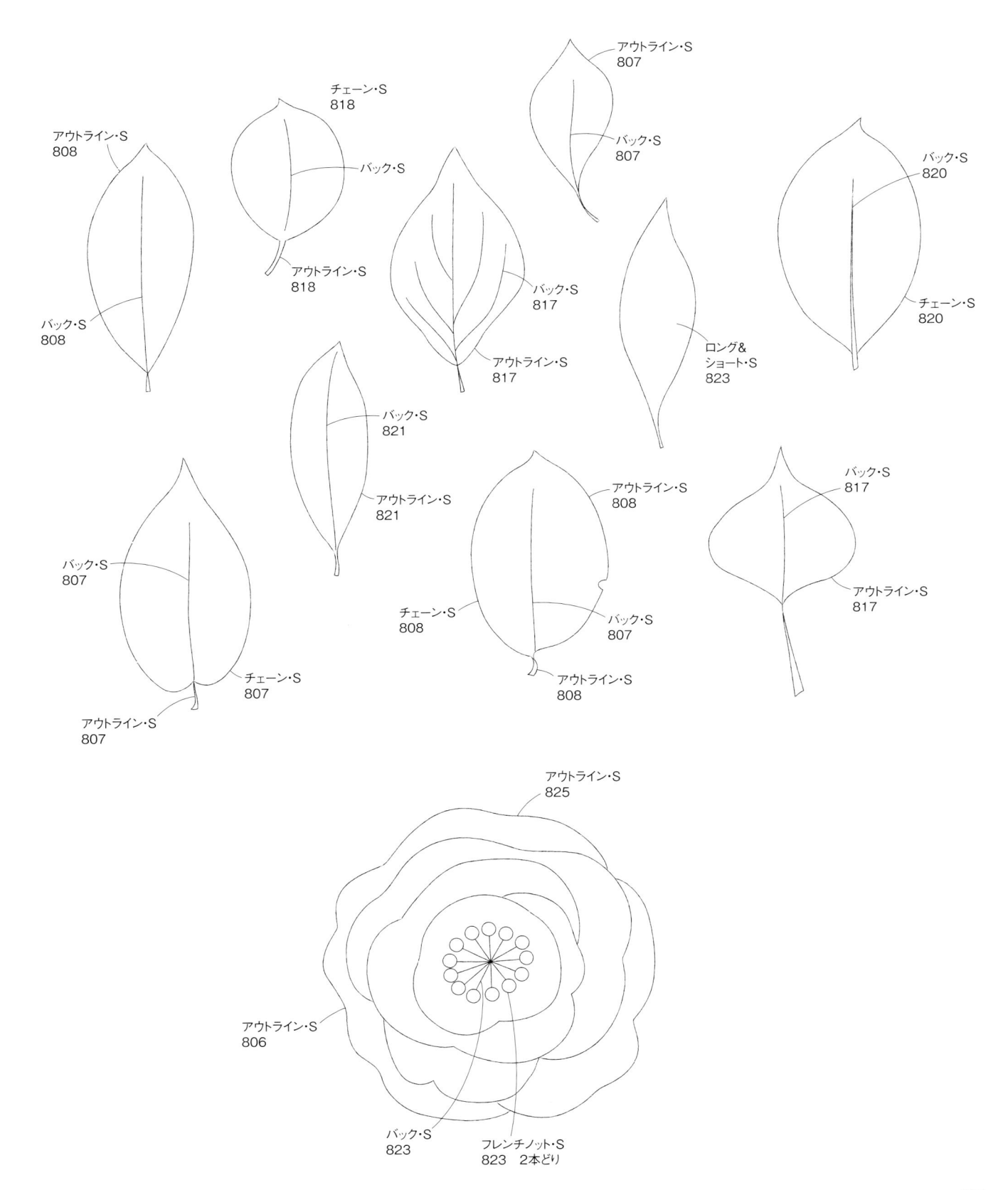

- アウトライン・S 808
- バック・S 808
- チェーン・S 818
- バック・S 818
- アウトライン・S 818
- アウトライン・S 807
- バック・S 807
- バック・S 817
- アウトライン・S 817
- ロング＆ショート・S 823
- バック・S 820
- チェーン・S 820
- バック・S 821
- アウトライン・S 821
- アウトライン・S 808
- チェーン・S 808
- バック・S 807
- アウトライン・S 808
- バック・S 817
- アウトライン・S 817
- バック・S 807
- チェーン・S 807
- アウトライン・S 807

- アウトライン・S 825
- アウトライン・S 806
- バック・S 823
- フレンチノット・S 823　2本どり

「小さな草花のバリエーション」の図案

S=ステッチ
ステッチ名の後の数字は色番号
※糸はリネン刺しゅう糸（DMC）　指定以外は2本どり
※リネン糸が手に入りにくいときは、25番刺しゅう糸（DMC）を使用する。Lを除いた番号が近似色。

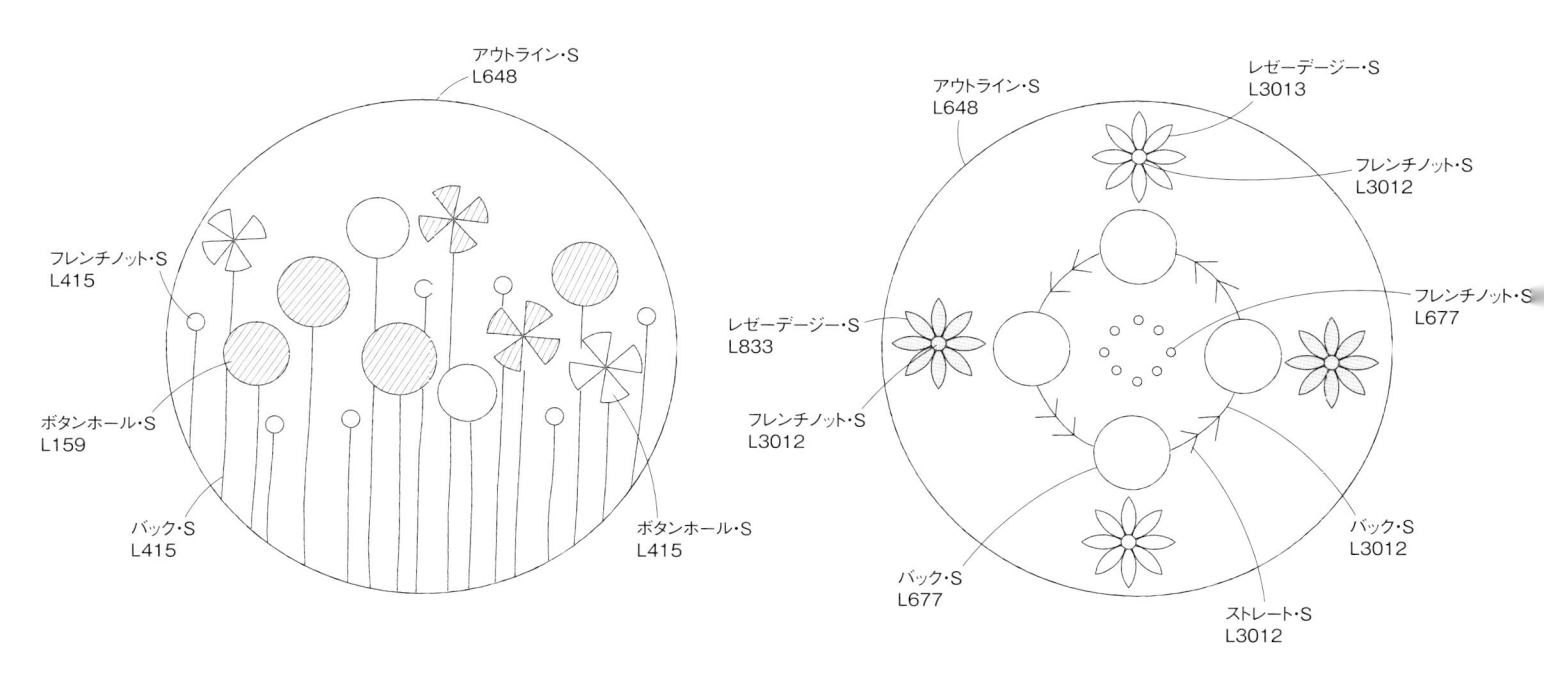

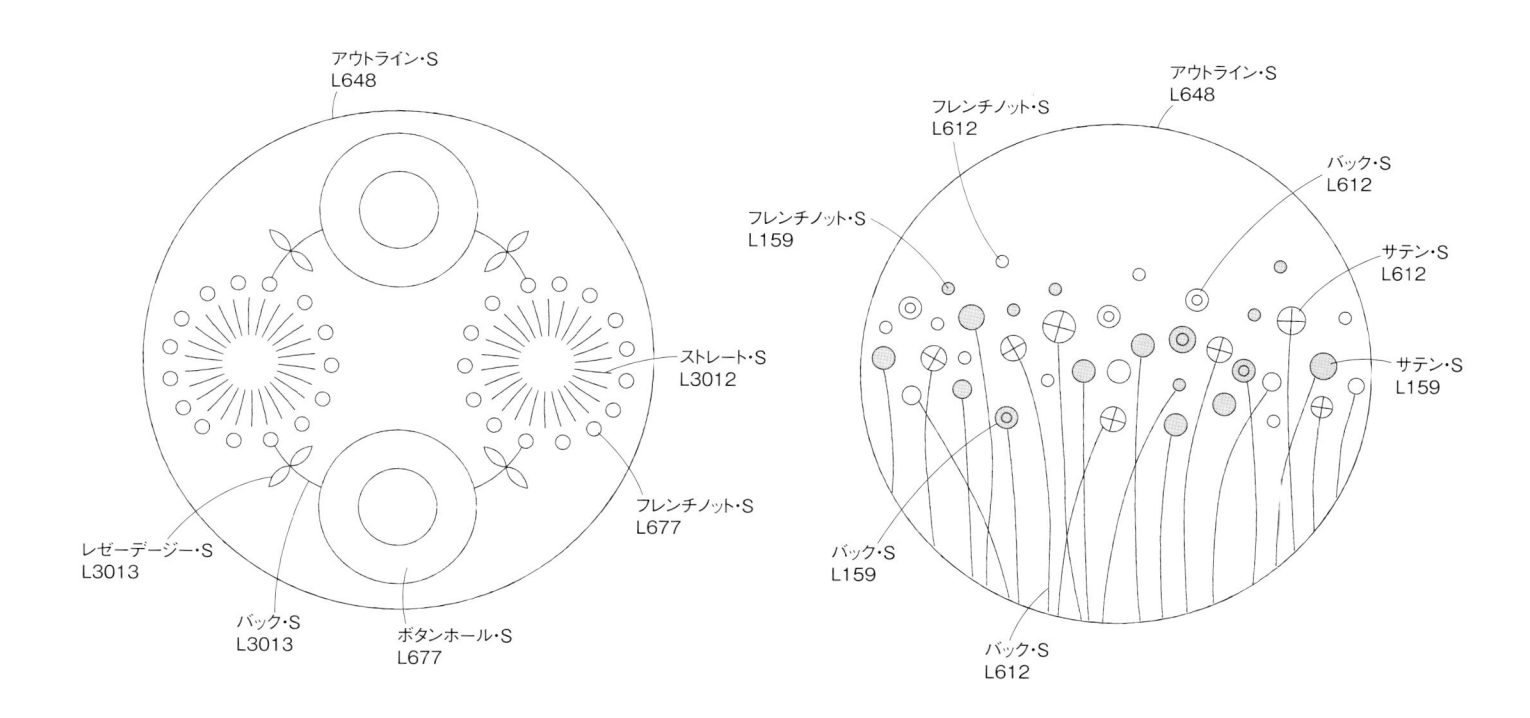

図案1（左上）
- アウトライン・S　L648
- フレンチノット・S　L415
- ボタンホール・S　L159
- バック・S　L415
- ボタンホール・S　L415

図案2（右上）
- アウトライン・S　L648
- レゼーデージー・S　L3013
- フレンチノット・S　L3012
- レゼーデージー・S　L833
- フレンチノット・S　L3012
- フレンチノット・S　L677
- バック・S　L677
- バック・S　L3012
- ストレート・S　L3012

図案3（左下）
- アウトライン・S　L648
- ストレート・S　L3012
- フレンチノット・S　L677
- レゼーデージー・S　L3013
- バック・S　L3013
- ボタンホール・S　L677

図案4（右下）
- アウトライン・S　L648
- フレンチノット・S　L612
- バック・S　L612
- フレンチノット・S　L159
- サテン・S　L612
- サテン・S　L159
- バック・S　L159
- バック・S　L612

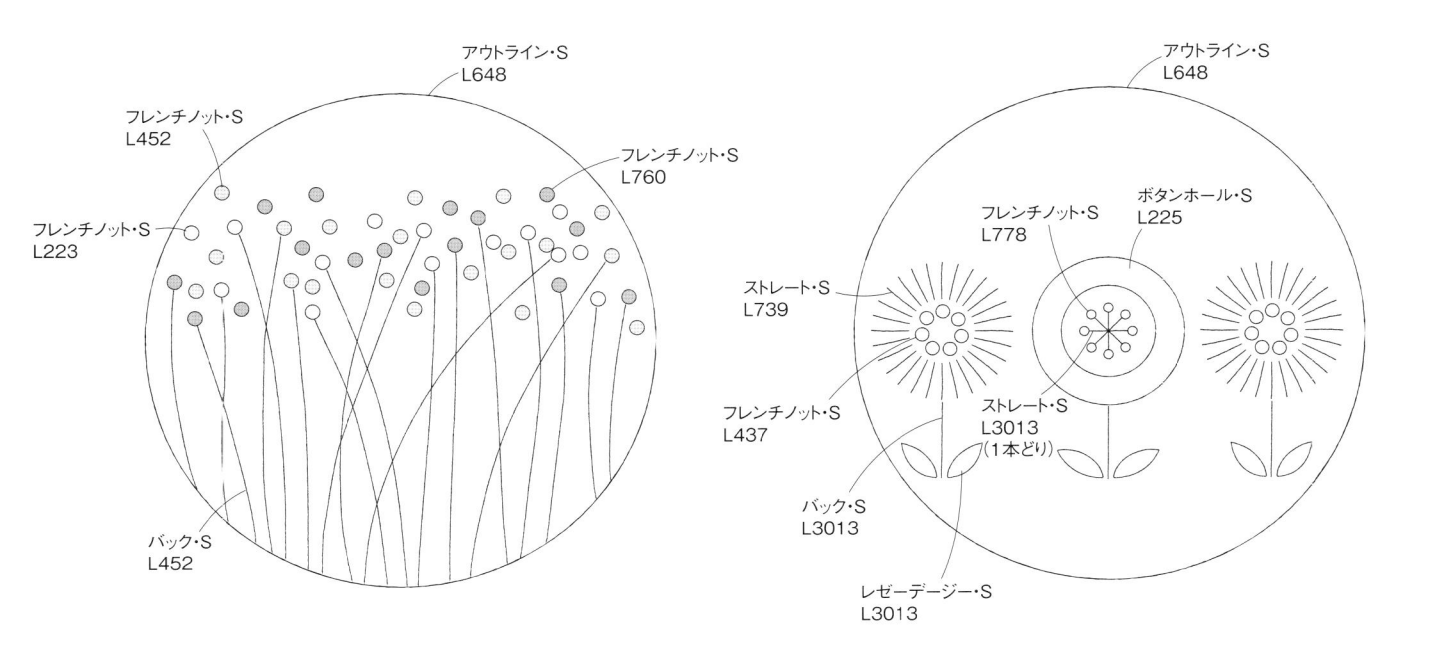

左上図

- アウトライン・S L648
- フレンチノット・S L452
- フレンチノット・S L760
- フレンチノット・S L223
- バック・S L452

右上図

- アウトライン・S L648
- フレンチノット・S L778
- ボタンホール・S L225
- ストレート・S L739
- フレンチノット・S L437
- ストレート・S L3013（1本どり）
- バック・S L3013
- レゼーデージー・S L3013

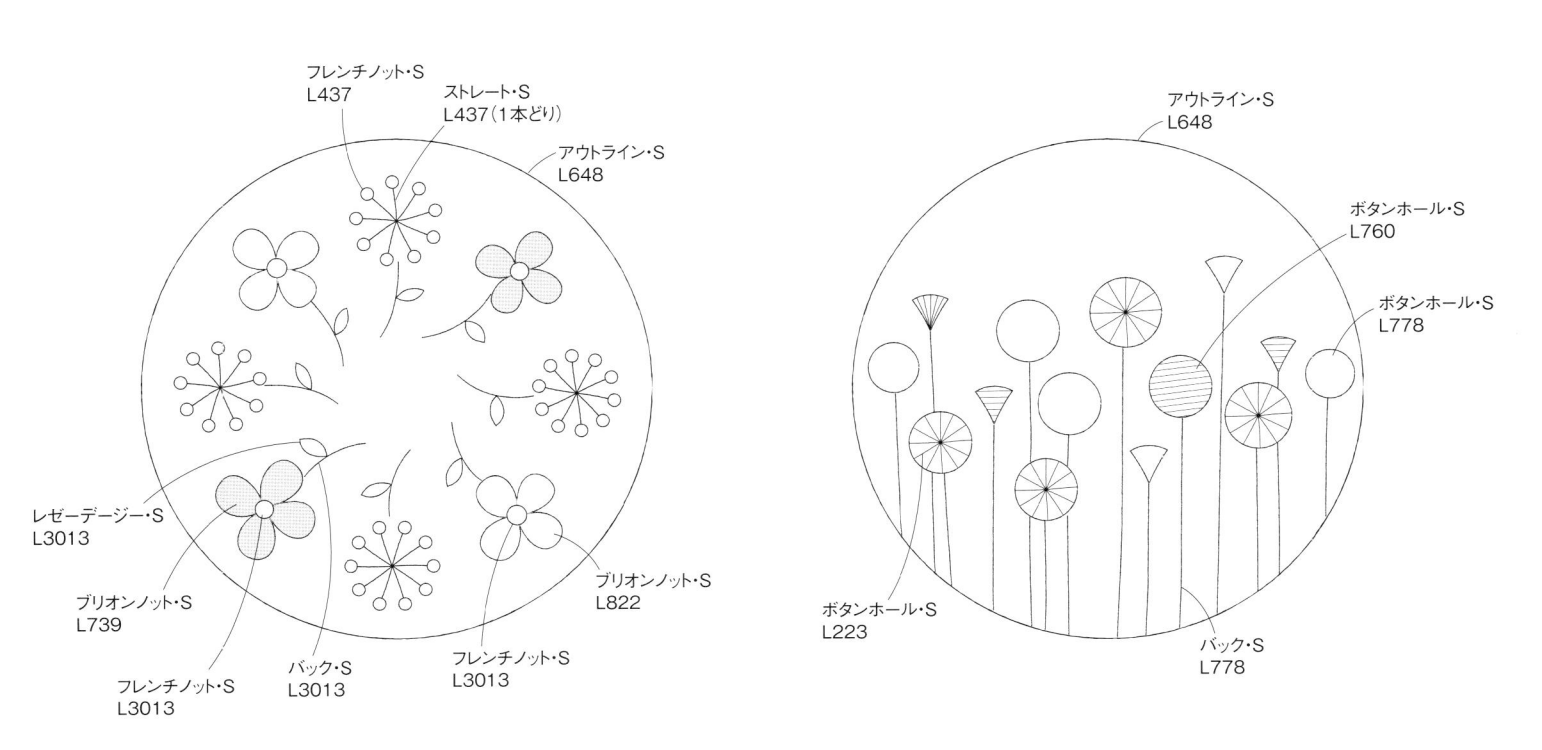

左下図

- フレンチノット・S L437
- ストレート・S L437（1本どり）
- アウトライン・S L648
- レゼーデージー・S L3013
- ブリオンノット・S L739
- フレンチノット・S L3013
- バック・S L3013
- フレンチノット・S L3013
- ブリオンノット・S L822

右下図

- アウトライン・S L648
- ボタンホール・S L760
- ボタンホール・S L778
- ボタンホール・S L223
- バック・S L778

「ギンガムチェックにステッチを」の図案

S=ステッチ
ステッチ名の後の数字は色番号
※糸は25番刺しゅう糸（DMC）　全て2本どり

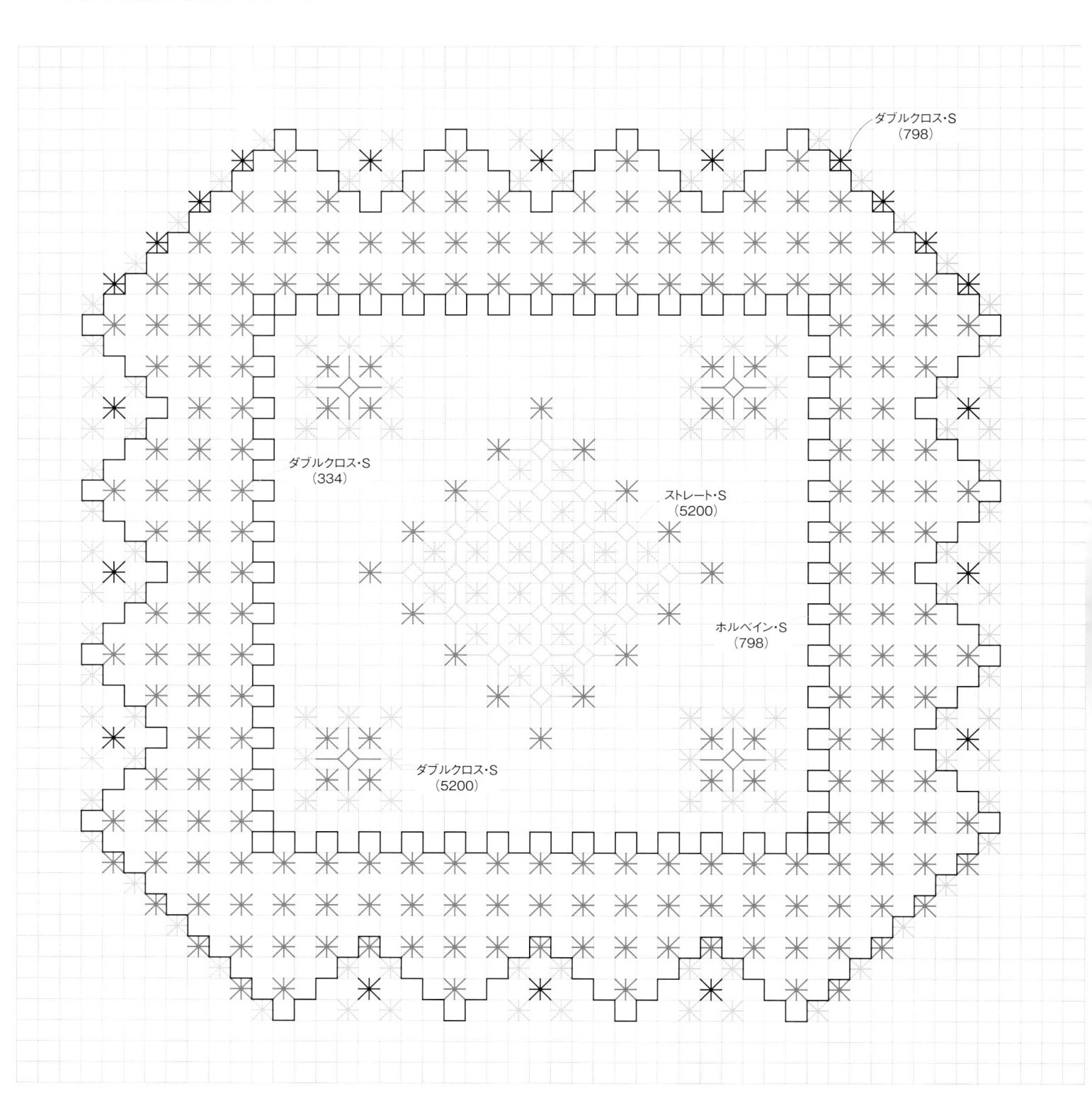

ダブルクロス・S
（798）

ダブルクロス・S
（334）

ストレート・S
（5200）

ホルベイン・S
（798）

ダブルクロス・S
（5200）

※糸は全て25番刺しゅう糸798(DMC)

- ストレート・S
- レゼーデージー・S
- ダブルクロス・S
- ストレート・S
- ストレート・S
- ストレート・S
- ストレート・S
- クロス・S
- ストレート・S
- フライ・S
- ストレート・S
- ストレート・S
- バンドル・S
- ストレート・S
- クロス・S
- クロス・S

ステッチ・かがり　さくいん

＊数字は掲載ページ。
色文字は刺し方の解説ページです。

ア

アイレット・ステッチ　　106　107
アウトライン・ステッチ　　006　007　008　009　010　014　018　024
　　　　　　　　　　　　030　036　044　045　046　052　058　064　120
オープンクレタン・ステッチ　　046　050
オープンチェーン・ステッチ　　036　038
オープンフィッシュボーン・ステッチ　　024　027

カ

クォータークロス・ステッチ　　075
クラウド・フィリング・ステッチ　　064　068
クレステッドチェーン・ステッチ　　042
クローズドかがり　　094　098
クローズドフェザー・ステッチ　　046　050
クローズドヘリンボーン・ステッチ　　006　052　054　115　124
クローズドボタンホール・ステッチ　　058　062　124　126
クローバーかがり　　094　100
クロス・ステッチ　　070　072　081　088　092　115
クロスド・フィリング・ステッチ　　064　068
クロスドボタンホール・ステッチ　　058　061
ケーブル・ステッチ　　030　034
ケーブルチェーン・ステッチ　　036　039
コーチドトレリス・フィリング・ステッチ　　064　067
コーチング・ステッチ　　010　017　124
コーラル・ステッチ　　030　032　124
コーラルノッテッドヘリンボーン・ステッチ　　052　056

サ

サーフェイスサテン・ステッチ　　024　026
サテン・ステッチ　　006　007　024　026　044　094　102　106　115　118　124
シード・ステッチ　　010　017
シェブロン・ステッチ　　052　057
ジグザグコーラル・ステッチ　　030　033
ジグザグ・ステッチ　　006　018　021
ジグザグチェーン・ステッチ　　036　040
七宝かがり　　102　105
四方かがり（フォーサイド・ステッチ）　　108　110　126　128
ジャーマンノット・ステッチ　　030　034
シャドー・ステッチ　　052　057
シングルフェザー・ステッチ　　048
スクエアかがり　　094　101
スター・ステッチ　　070　075
ストレート・ステッチ　　006　018　020　044　045　080　081　124
スパー・ステッチ　　010　016
スプリット・ステッチ　　036　043　064
スポーク・ステッチ　　018　021
スリークォーター・ステッチ　　075
スレデッドバック・ステッチ　　010　015
スレデッドヘリンボーン・ステッチ　　052　056
スレデッドランニング・ステッチ　　012

タ

ダーニングかがり　　094　099　100　102　105　106　107
ダーニング・ステッチ　　010　013　076　078
タックドヘリンボーン・ステッチ　　052　055
ダブルクローズドかがり　　094　099
ダブルクロス・ステッチ　　075　080　081
ダブルチェーン・ステッチ　　036　041
ダブルバック・ステッチ　　010　016
ダブルフェザー・ステッチ　　046　049
ダブルヘリンボーン・ステッチ　　052　055
ダブルボタンホール・ステッチ　　058　060
ダブルレゼーデージー・ステッチ　　006　036　039
チェーン・ステッチ　　006　008　009　036　038　115　124　126
チェーンフェザー・ステッチ　　046　051
チェッカードチェーン・ステッチ　　043
チューリップ・ステッチ　　036　041
ツイステッドチェーン・ステッチ　　040
ツイステッドバック・ステッチ　　010　015
ツイステッドラティス・フィリング・ステッチ　　064　067
ツイステッドランニング・ステッチ　　010　012
ツイステッドループ・ステッチ　　036　040
テーラードボタンホール・ステッチ　　058　063　106　107
トレブルフェザー・ステッチ　　046　049

ハ

ハーフクロス・ステッチ　　　075
バック・ステッチ　　006　007　008　009　010　015　018　024　044　045
パテッドサテン・ステッチ　　024　026
ハニコム・ステッチ　　058　061
ハニコム・フィリング・ステッチ　　064　066
パラレル・ステッチ　　018　020
バリッドフライ・ステッチ　　036　043
バンドル・ステッチ　　018　023　081
ファーン・ステッチ　　018　023
フィッシュボーン・ステッチ　　024　027
フェザーコーチング・ステッチ　　046　050
フェザー・ステッチ　　046　048
フォーレッグドノット・ステッチ　　030　033
フライ・ステッチ　　006　007　036　042　081
ブランケット・ステッチ　　060
ブリオン・ステッチ　　030　035
ブリオンノット・ステッチ　　030　035　045
ブリオンローズ・ステッチ　　030　035
ブレード・ステッチ　　030　033
フレンチノット・ステッチ　　006　007　008　009　030　032　036
　　　　　　　　　　　　044　045　052　058　115
ブロークンチェーン・ステッチ　　036　038
ベーシックニードル・フィリング・ステッチ　　064　066
ペキニーズ・ステッチ　　010　017
ヘム・ステッチ　　094　097　126
ヘリンボーン・ステッチ　　052　054　124
ヘリンボーンラダー・ステッチ　　056
ボタンホールかがり　　094　099
ボタンホール・ステッチ　　006　008　044　045　058　060　120　123　124　126
ボタンホールバー・ステッチ　　123
ボタンホールフィリング・ステッチ　　058　062
ボタンホールリング・ステッチ　　058　063
ホルベイン・ステッチ　　013　080　082　084　088　092　118

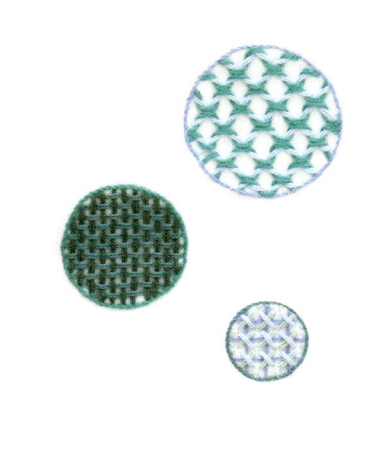

マ

ミルフラワー・ステッチ　　018　022
結びかがり　　094　097　098

ラ

ランニング・ステッチ　　012　018
ランブラーローズ・ステッチ　　018　022
リーフ・ステッチ　　024　028
ルーマニアンコーチング・ステッチ　　024　029
ルーマニアン・ステッチ　　024　029
レイズドフィッシュボーン・ステッチ　　024　028
レゼーデージー・ステッチ　　006　007　036　039　044　045　081
ローマン・ステッチ　　029
ロゼットチェーン・ステッチ　　041
ロングアームドフェザー・ステッチ　　046　051
ロング&ショート・ステッチ　　006　008　009　024　026
ロングフレンチノット・ステッチ　　030　032

監修者

立川一美
たちかわ・かずみ

刺しゅう作家。NHK文化センター青山教室講師。
玉川大学芸術学科美術専攻日本画クラスを卒業後、桜井一恵氏の「アトリエKAZUE」にてフリー刺しゅうを学ぶ。
1988年、東京・青山のギャラリーにて初個展。以来、たびたび個展を開催。北欧風のシンプルでモダンな作品にファンが多い。
※「自由に刺す刺しゅう」「クロス・ステッチ」「ダーニングワーク」「アップリケ」「刺しゅうの基礎」を制作・指導。

堀越綾子
ほりこし・あやこ

刺しゅう作家。「デシラントの会」主宰。東急セミナーBE二子玉川講師
十代よりスペインの女性修道士にスペイン刺しゅうや欧風刺しゅうの指導を受ける。刺しゅう研究グループ「デシラントの会」にて伝統的な刺しゅうを研究。また、卓越した色彩表現をいかした現代的なモチーフの作品にも定評がある。数年ごとに作品展を開催。
※「布目を数えて刺す刺しゅう」（070〜078、093ページを除く）「スペイン刺しゅう」「カットワーク」「縁飾り」を制作・指導。

材料提供　(株)越前屋　〒104-0013　東京都中央区京橋1-1-6　TEL 03-3281-4911　FAX 03-3271-4476　www.echizen-ya.co.jp

Staff
レイアウト　竹盛若菜
作品制作協力　石川卓子　石塚咲美　栗本素子　鈴木貞子　松島安代　山崎眞理子
撮影　小鳥遊 静
イラスト　綿貫美智子
トレース　day studio（ダイラクサトミ）
校正　ケイズオフィス
編集　井上清子　戸塚くみ
プロデュース　高橋インターナショナル

これならできる！ みんなの教科書
刺しゅう きほんの基本

監修者　立川一美　堀越綾子
発行者　高橋秀雄
発行所　高橋書店
　　　〒112-0013　東京都文京区音羽1-26-1
　　　編集　TEL 03-3943-4529　FAX 03-3943-4047
　　　販売　TEL 03-3943-4525　FAX 03-3943-6591
　　　振替　00110-0-350650
　　　http://www.takahashishoten.co.jp/
ISBN978-4-471-40088-0
ⓒ Takahashi international　Printed in Japan

定価はカバーに表示してあります。本書の内容を許可なく転載することを禁じます。
また、本書の無断複写は著作権法上での例外を除き禁止されています。本書のいかなる電子複製も購入者の私的使用を除き一切認められておりません。
造本には細心の注意を払っておりますが万一、本書にページの順序間違い・抜けなど物理的欠陥があった場合は、不良事実を確認後、お取り替えいたします。下記までご連絡のうえ、小社へご返送ください。ただし、古書店等で購入・入手された商品の交換には一切応じません。

※本書についての問合せ　土日・祝日・年末年始を除く
平日9：00〜17：30にお願いいたします。
内容・不良品／TEL 03-3943-4529（編集部）
在庫・ご注文／TEL 03-3943-4525（販売部）